O escritório é escola

INCLUSÃO SOCIAL NO MUNDO DO TRABALHO

Editora
Renata Farhat Borges

Editora assistente
Lilian Scutti

Assistente editorial
Hugo Otávio Cruz Reis

Entrevistas-base, redação e edição
Luciana Tonelli
Ana Paula Orlandi

Produção gráfica
Alexandra Abdala

Projeto gráfico e capa
Iago Sartini

Eletrogravuras
Bruno Pastore

Revisão
Jonathan Busato

Editado conforme o Acordo Ortográfico
da Língua Portuguesa de 1990.

1ª edição, 2014

Créditos das imagens

Acervo PwC
pp. 22-23, 24, 80-81, 93, 98 (meio e inf.), 99 (sup.), 101 (inf.)

FBCOM (Fábio Bouéri e Valdir Lopes)
pp. 51, 100 (inf.), 104 (inf.)

Primelight (Fernando Siqueira)
pp. 67, 102 (sup.)

Primelight (Ricardo Reis)
pp. 85, 87, 88, 89, 92

Raul Zito
pp. 72, 78, 82, 86, 90, 100-101 (sup.), 100 (meio), 101 (meio)

Acervo QXT (Roberto Carlos Madalena)
pp. 83, 84, 91, 96, 97, 98 (sup.), 99 (inf.), 102 (inf.), 103 (sup.), 104 (sup.), 105

Bruno Pastore
103 (inf.)

MISTO
Papel produzido a partir de fontes responsáveis
FSC® C121203

Dados Internacionais de Catalogação na Publicação (CIP)
Angélica Ilacqua CRB-8/7057

O escritório é escola: inclusão social no mundo do trabalho/[organizado por Graziela Bedoian; redação e edição das entrevistas por Luciana Tonelli, Ana PaulaOrlandi]; PricewaterhouseCoopers Brasil Ltda. São Paulo: Peirópolis, 2014.

Projeto Quixote
ISBN: 978-85-7596-317-3

1. Inclusão social – trabalho 2. Educação para o trabalho
3. Projetos de desenvolvimento social I. Bedoian, Graziela II. Tonelli, Luciana
III. Orlandi, Ana Paula IV. PricewaterhouseCoopers Brasil Ltda. V. Projeto Quixote

13-0380 CDD 331.1330981

Índices para catálogo sistemático: 1. Trabalho – inclusão social

Editora Peirópolis Ltda. | Rua Girassol, 128 | Vila Madalena | 05433-000 – São Paulo – SP
tel.: (11) 3816-0699 | fax: (11) 3816-6718 | vendas@editorapeiropolis.com.br | www.editorapeiropolis.com.br

O escritório é escola

INCLUSÃO SOCIAL NO MUNDO DO TRABALHO

EDITORA
Peirópolis

Sumário

Prefácio

PwC

Fernando Alves e João Cesar Lima

Na PwC acreditamos que a maior contribuição social é compartilhar conhecimento, que é o cerne de nosso negócio. Em nossa história de quase cem anos no Brasil, sempre investimos no desenvolvimento de nossos profissionais, capacitando-os no âmbito técnico e comportamental, em todos os níveis de suas carreiras.

O profissional PwC passa por duzentas horas de treinamento, em média, apenas em seu primeiro ano na firma, e todo esse investimento, somado à nossa forma de fazer negócios, faz com que nossa expertise dê origem a soluções inovadoras contínuas para nossos clientes.

Assim como para nossa prestação de serviços, o conhecimento é essencial para nossa atuação social, e é com base nessa vocação que investimos e mobilizamos recursos financeiros e humanos na formação de jovens para o mercado de trabalho.

Nesse contexto, com o objetivo de fortalecer as habilidades profissionais de jovens, desenvolvemos projetos de capacitação para o mercado de trabalho realizados por centenas de voluntários, que transmitem, em sala de aula, conteúdos diversos a esse público, e também projetos de inclusão que propiciam aos jovens uma vivência corporativa no ambiente da PwC.

Uma de nossas experiências exitosas é o projeto Escritório Escola, idealizado por voluntários da PwC com um objetivo comum: criar oportunidades de transformação aos jovens participantes. Em toda a jornada contamos com a parceria do Projeto Quixote e de diferentes áreas da firma, que se dispuseram a receber esses jovens e a desenvolvê-los como profissionais.

Como resultado, pudemos perceber que a experiência foi muito rica e propiciou transformações para todos os envolvidos, visto que a ampliação de repertório não gerou benefícios apenas para o jovem, mas também para os profissionais com os quais eles interagiram e, principalmente, para o gestor, que ao ensinar aprendeu sobre realidades, visões e desafios bem diferentes dos seus próprios. Essa interação engrandeceu os nossos profissionais como indivíduos e propulsionou nossa cultura de diversidade, ao mesmo tempo estando em total sintonia e reforça com nossos valores: colaborar e compartilhar, colocar-se no lugar do outro, investir em relacionamentos de longo prazo e criar valor.

O projeto Escritório Escola integra uma série de iniciativas que nos mantêm firmes ao nosso propósito de promover impacto e influenciar positivamente a sociedade, por meio da formação de líderes responsáveis e capazes de contribuir para a construção de uma sociedade economicamente viável, socialmente justa e ambientalmente sustentável.

Celebrados dez anos do projeto, a PwC entende que é chegado o momento de investir em novas propostas que tragam inovação e desafio da mesma forma que o Escritório Escola se propôs há uma década atrás.

Esperamos que nossa escolha por novos projetos seja tão acertada e recompensadora quanto foi essa, que estamos dividindo com você.

Ao participar desta publicação, nosso objetivo é seguir fazendo o que sabemos melhor: compartilhar nosso conhecimento. Tenha uma ótima leitura!

Fernando Alves
Sócio-presidente PwC-Brasil

João César Lima
Sócio e lider de Recursos Humanos e Operações PwC-Brasil

pwc

Prefácio

Projeto Quixote

Auro Danny Lescher

Há dois anos, num domingo ensolarado, fui a uma antiga fábrica de São Paulo participar de uma mesa redonda num festival da juventude. Mais de mil jovens: skatistas, bikers, b-boys, grafiteiros. Esse lugar é hoje um espaço cultural dos paulistanos, mas por muito tempo foi a casa das caldeiras, que gerava energia para as indústrias Matarazzo. Cheguei cedo para respirar um pouco daquela atmosfera, explorar os porões, túneis e subterrâneos daquela estranha construção. Caminhei até um foco de luz irresistível. Chegando lá, uma epifania: encontrei a luz que vinha de cima e, mais que uma brisa, um vento que soprava de baixo. Vento e luz, um se misturando ao outro. Olho para cima e vejo, no alto, aproximadamente trinta metros acima da minha cabeça, o azul do céu. Eu estava na base de uma gigantesca chaminé daquelas clássicas, de tijolinho e tudo.

Ah, a Casa das Caldeiras fica vizinha da sede da PwC, que coincidência. Descobri que as chaminés têm aquele formato para criar o fluxo de vento ascendente, suficientemente forte para que os cabelos fiquem espetados para cima. Descobri também uma bela metáfora para a minha fala que aconteceria dali a alguns minutos. O meu objetivo era contagiar os jovens com o entusiasmo de sonhador profissional, falar da força dos sonhos para jovens de qualquer idade – porque juventude, muito mais do que um dado cronológico, é sinal de vitalidade psíquica, de criatividade. Há velhos de trinta anos, como há jovens de oitenta. Os sonhos bem sonhados têm essa força, produzem um fluxo energético ascendente capaz de transformar a realidade. Agregam novos sonhos individuais aos pré-existentes, fortalecendo ainda mais o fluxo por ser expressão de um crescente coletivo.

Ora, mas por que compartilhar memória tão particular com os leitores deste prefácio? Simplesmente porque temos diante de nós, nas histórias, tramas e conceitos narrados neste livro, algo muito valioso. Exemplo de sonho da chaminé. Temos aqui o registro da experiência vivida no âmbito do projeto de inclusão social Escritório Escola, quando da parceria do QXT com a PwC. O livro editado pela Peirópolis proporciona uma leitura em 3D, com profundidade, aquela que aparece conforme a gente se enreda no dia a dia heroico da Ilzenir ou nas angústias românticas do Bruno. E me deixa mais confiante, porque vejo surgir da experiência um fluxo criativo e agregador que, para os desafios da contemporaneidade, tem toda a chance de crescer em escala. Os conceitos de educador corporativo e de escritório escola são pérolas dessa metodologia, construída para o enfrentamento dos dilemas da relação do jovem com o mundo do trabalho, e certamente vão inspirar práticas criativas nos governos e nas corporações.

Boa leitura.

Auro Danny Lescher
Coordenador geral e fundador do Projeto Quixote.

PROJETO QUIXOTE
Uma outra história

Introdução

O projeto de inclusão social Escritório Escola é uma tecnologia social[1] inicialmente desenvolvida pela PwC em parceria com o Projeto Quixote (QXT) – Organização da Sociedade Civil de Interesse Público ligada à Unifesp (Universidade Federal de São Paulo), com o objetivo de inserir jovens em situação de risco social e econômico no mercado de trabalho.

O projeto[2], evolução de uma experiência anterior realizada pela PwC, atua na região metropolitana da cidade de São Paulo, em comunidades afetadas pela exclusão social e vulnerabilidade intensa e pela privação dos direitos fundamentais de cidadania. No Estado de São Paulo, cerca de 15%[3] das crianças e adolescentes vivem em famílias com rendimento mensal *per capita* inferior a meio salário mínimo, em condições inadequadas de higiene e saúde, apresentam baixa frequência e aproveitamento escolar e estão expostos à violência, ao uso de drogas e ao potencial conflito com a lei.

[1] No contexto do Projeto Quixote, tecnologia social é o conjunto de metodologias desenvolvidas e aplicadas pela equipe do QXT na interação com os públicos aos quais o projeto se dirige, sempre com o objetivo de impulsionar a inclusão social e melhoria das condições de vida de pessoas e suas famílias.

[2] "Projeto de capacitação de jovens em situação de risco": parceria de voluntários da PwC com o Comitê para Democratização da Informática (CDI), que oferecia aulas de informática a jovens da Febem (atual Fundação Casa) iniciada em 2001. Em 2002, a PwC abriu vagas para jovens em semiliberdade ou liberdade assistida em parceria direta com a Febem. As dificuldades vivenciadas levaram a PwC a buscar, em 2003 a parceria do QXT. A partir daí, o projeto foi redesenhado e seu escopo ampliado, até o fim da parceria.

[3] Dados do IBGE.

Considerando que a juventude é o foco do investimento social da PwC no Brasil e que a inserção de jovens em situação de risco[4] no mercado de trabalho é de interesse de toda a sociedade, o programa original se propunha a inserir dez jovens nessa situação social, a cada ano, no mercado de trabalho, por meio de uma proposta respeitosa ao seu desenvolvimento, oferecendo supervisão técnica e psicossocial a eles, seus familiares, escola e chefias.

O objetivo primordial do projeto continua sendo estimular o jovem a criar um vínculo verdadeiro com o trabalho, o que não garante apenas a inclusão, mas também sua permanência no mercado, além de uma série de benefícios subsequentes. Entre eles destacam-se o aprimoramento de suas formas de expressão e comunicação, o comprometimento com suas obrigações e o vislumbre de um horizonte mais amplo e positivo, que inclui a continuidade dos estudos e a ampliação do repertório pessoal a partir de novas relações.

A complexidade dos problemas de desigualdade social e econômica no Brasil que envolvem os jovens e suas famílias exige uma abordagem especializada que seja capaz de despertar interesse no jovem e garantir sua permanência no ambiente de trabalho, de forma que seu desenvolvimento possa alavancar um cenário de oportunidades promissoras para ele e a família.

Como funciona

O projeto se baseia em três eixos principais: o *jovem*, novo integrante do mundo corporativo, sua *família* e as *chefias* dos jovens, e busca promover a transformação da história de vida de cada participante e de suas comunidades, ao mesmo tempo em que possibilita o desenvolvimento humano dos profissionais com eles envolvidos.

Antes de serem selecionados para ingressar no projeto, a proposta é que os jovens cumpram, no QXT, um conteúdo programático de seis meses de duração, com foco na habilidade de leitura e escrita, na postura e conhecimento sobre o mercado de trabalho, no uso de ferramentas de informática, no desenvolvimento da criatividade e na vivência das abordagens citadas acima, sempre monitorados por educadores em oficinas com duração de duas horas diárias (de segunda a sexta-feira).

A título de exemplo, dentro da parceria original, os jovens que participam

[4] Situação de risco é qualquer condição que dificulte a inserção na sociedade, como uso de drogas, conflitos com a lei, vivência no tráfico ou proximidade com tais situações.

dessas atividades de formação eram encaminhados pelo QXT para um processo seletivo junto à PwC. Dez deles eram escolhidos para o projeto de capacitação na empresa, com duração de um ano. A chegada desses jovens na firma era viabilizada pela área de Responsabilidade Corporativa (RC). A RC envolvia-se em todas as etapas do processo, do mapeamento das vagas e das chefias dispostas a participar ao acompanhamento durante o ano, até a avaliação dos resultados.

Após a definição das vagas, os profissionais da RC passavam ao QXT as descrições das vagas a serem ocupadas pelos futuros auxiliares administrativos em diversas áreas: Arquivo, Telefonia, Jurídico, Recursos Humanos, Marketing, Contabilidade etc. O QXT encaminhava os jovens com perfis próximos daqueles buscados pela PwC e a RC organizava o primeiro contato entre os jovens e a firma. O processo seletivo prosseguia com entrevistas feitas pelos profissionais da área de Talento, que discutiam suas percepções com as equipes do QXT e de RC. Todo o processo contava com cartilhas desenvolvidas pela PwC com base na experiência acumulada para facilitar a mediação entre os jovens e as chefias. O material abordava desde as responsabilidades de cada uma das partes até os recursos disponíveis.

No âmbito do trabalho no QXT, aqueles que passam na seleção aprendem rotinas administrativas, participam de grupos presenciais de supervisão de trabalho e de grupos terapêuticos e atendimentos individuais semanais durante os primeiros seis meses, passando a atendimento quinzenal nos seis meses restantes (os atendimentos individuais acontecem dependendo da necessidade). Seus familiares são também chamados a cada três meses para participarem de atividades no QXT, enquanto os jovens seguem no projeto com acompanhamento trimestral do desempenho escolar, reuniões com chefias e lideranças. Eles são avaliados, também com a mesma periodicidade, por meio de relatórios desenvolvidos por suas chefias e pelos educadores e técnicos do QXT. Ao final do período, eles podem ser efetivados na empresa em que estiverem trabalhando de acordo com seu desempenho e o número de vagas disponíveis.

Voltando ao exemplo da PwC, a área de RC foi o ponto focal das chefias que desejavam tirar dúvidas, compartilhar vivências e pedir esclarecimentos sobre as melhores formas de orientar os jovens. Além dos contatos sob demanda, a equipe promovia reuniões trimestrais com as chefias e com o QXT para avaliar a performance do jovem, quais os pontos fortes e de melhoria e em que medida o *coach* (termo usado na PwC para designar a função de orientador que um profissional tem sobre o seu orientando) precisava de apoio para estimulá-lo a desenvolver competências técnicas e comportamentais. Além de exercer o papel de *coach* do orientador, a área de RC também incentivava que fosse estabelecido um canal de diálogo entre as chefias e a equipe do QXT.

Cada dificuldade detectada era discutida, e estratégias de mitigação colocadas em prática. Dependendo do caso, o tema passava a ser abordado nas supervisões periódicas dos jovens ou o QXT podia dar um acompanhamento individual, oferecendo apoio psicoterapêutico ou até mesmo fazendo intervenções que envolviam a família.

Ao final do período, a área de RC organizava um encontro de confraternização entre todos os participantes (chefias, jovens e QXT) para compartilhar a experiência. Durante vários anos, o projeto evoluiu de forma contínua, graças ao aproveitamento da curva de aprendizagem.

Essa experiência da área de RC da PwC está registrada em capítulo de publicação institucional editada pelo QXT[5]. O texto foi inspirado em aula ministrada por uma profissional de RC, na qual a vivência e os aprendizados do projeto foram compartilhados com educadores de diversas organizações sociais em um curso organizado pelo Projeto Quixote.

Resultados

Nos dez anos do projeto em parceria com a PwC, os números foram animadores. Mais de 90% dos participantes conseguiram concluir o período de aprendizagem e, em média, metade dos jovens que passaram pela experiência de formação foram, ao término de um ano, efetivados na firma.

Para além das estatísticas, uma aproximação entre o universo desses jovens e das chefias da PwC que com eles interagiam reflete outros resultados importantes. Os jovens tornaram-se modelo de sucesso em suas comunidades, provando que existem caminhos alternativos ao ilusório *status* de quem se envolve com o tráfico de drogas, ao se tornarem multiplicadores dos benefícios do novo modelo que passaram a conhecer: o de atuar como colaboradores de uma empresa.

A experiência proporcionou aos participantes novos significados para "trabalho" e melhorou sensivelmente a autoestima e a percepção dos jovens sobre

[5] *Mundo do trabalho e juventude em situação de risco*, editado pelo Projeto Quixote em 2008.

si mesmos e o mundo, lançando-os numa trajetória de autodescobertas que envolveu discernir melhor seus pontos fortes e fracos, reconhecer seus talentos e limitações e traçar um projeto de vida com horizontes mais amplos de atuação. A consciência de sua evolução veio da percepção real das mudanças cotidianas em suas vidas.

A empresa, como organismo social, também ganhou muito com o programa, especialmente no desenvolvimento de uma cultura organizacional promotora da diversidade. A convivência entre pessoas com históricos de vida distintos favoreceu o exercício da tolerância e o entrosamento da equipe.

Para quem já trabalhava na PwC e se dispôs a abrir uma interface de trabalho com um jovem do projeto, os ganhos foram expressivos. Nas relações que se estabelecem entre os jovens e seus *coaches*, a benevolência e a predisposição em ajudar os jovens nos vários desafios deste novo panorama se tornaram oportunidades pessoais valiosas de autoconhecimento e atuação positiva no mundo.

Efeitos secundários

Além dos efeitos positivos sobre os jovens, a comunidade e todos os profissionais envolvidos, é interessante atestar o reconhecimento que o projeto original alcançou por entidades nacionais e internacionais.

Já em 2004, quando apenas iniciava, foi destaque na edição especial da revista *Exame* que trouxe o Guia de Boa Cidadania Corporativa. Nos anos seguintes, foi novamente finalista, concorrendo com cerca de 1.200 outras iniciativas empresariais, o que motivou inúmeros convites aos coordenadores do projeto para apresentar a experiência em cursos e seminários voltados para educadores sociais.

O QXT recebeu, em 2009, menção honrosa no prêmio *Best in Class* do *Recognition Award*, que destaca os melhores projetos em cidadania corporativa realizados no âmbito da *network* global da PwC.

Em 2010, a metodologia foi premiada como tecnologia social pela Fundação Banco do Brasil, passando, então, a ser encarada como uma experiência facilmente replicável e de alta eficácia no cumprimento de suas metas.

Por que divulgar

Quando uma empresa alcança sucesso em seu projeto de investimento social sem se desviar de seu *core business* e produz, além do impacto positivo na comunidade, transformações positivas em seu ambiente interno, pode-se dizer que descobriu um modelo de atuação social replicável, capaz de inspirar ou ser multiplicado em outras corporações.

Este foi exatamente o caso da PwC Brasil e de seu projeto de inclusão social Escritório Escola, desenvolvido em São Paulo em parceria com o QXT. Desde sua criação, em 2001, metas importantes foram atingidas na formação de jovens para o mercado de trabalho, aumentando sua empregabilidade e ampliando seus horizontes de atuação no mundo: aproximadamente 200 jovens foram capacitados, dos quais quase metade ingressaram na PwC.

O QXT, parceiro fundamental do projeto, foi corresponsável por seu sucesso, já que possui a *expertise* necessária para mediar a formação e seleção desses jovens, bem como manter um olhar atento durante o processo de sua adaptação ao mundo corporativo, acolhendo-o em seus medos e dificuldades e mostrando caminhos possíveis para seu futuro; assim como foi o caso das efetivações na PwC, a experiência pode servir para validar seus primeiros passos no mercado de trabalho em outras empresas e ambientes profissionais.

A sensibilização e o acompanhamento da evolução do jovem no ambiente de trabalho também é tarefa assumida pelos educadores do QXT. São eles que medeiam as situações de impasse que podem vir a ocorrer no ambiente corporativo, orientando as chefias em como lidar com eventuais desafios no cotidiano.

Além disso, o Projeto Quixote conta com uma rede de parceiros que funcionam como indicadores de jovens potenciais a participarem de atividades semelhantes a essa, como escolas, conselhos tutelares e postos de Liberdade Assistida (L.A.).

Obstáculos e dificuldades

Como todo projeto social com o objetivo de provocar transformações profundas e permanentes no público a quem se destina, também o Escritório Escola apresenta obstáculos – como ficou claro na experiência com a PwC –, tanto para os jovens quanto para os profissionais do QXT e das empresas envolvidas.

Uma das grandes dificuldades é garantir a compreensão, pelo jovem, de que o trabalho é muito mais do que uma forma momentânea de suprir suas necessidades e da família – é um caminho promissor para a vida, e é necessário e possível que ele passe a investir e planejar sua carreira profissional.

A oportunidade oferecida pelo projeto não encontra similares no mercado formal e legal até o momento, constituindo uma chance preciosa para rapazes e moças que muitas vezes precisam esforçar-se para não ceder às tentações de renda fácil, mas ilícita, que infelizmente se encontram no ambiente de muitas comunidades brasileiras hoje.

Outra grande dificuldade está no binômio trabalho-estudo. Pelas regras do projeto, o jovem que está empregado deve trabalhar durante o dia e estudar à noite. O ambiente escolar acaba não cooperando significativamente nessa formação, pela má qualidade do ensino noturno oferecido na maioria das escolas públicas brasileiras. Além do mais, o trajeto casa-trabalho-escola pode ser extenuante para a maioria, que passa de duas a quatro horas por dia em deslocamentos.

A família, por sua vez, tem papel determinante no sucesso dessa nova trajetória do jovem, e é capaz ou de estimulá-lo positivamente ou sabotar sua iniciativa de crescimento humano e profissional. Como em geral os familiares não possuem bom nível de escolaridade, na maioria dos casos não há estímulo familiar para o estudo nem qualquer outro tipo de colaboração na vida acadêmica do jovem. Mesmo sendo o bom desempenho e a aprovação escolar deveres durante o projeto, há casos de participantes que não conseguiram conciliar trabalho e escola, comprometendo sua participação e sendo desligados da firma. O envolvimento da família, para que ela perceba os benefícios da proposta a médio prazo, é primordial para o sucesso da ação.

"Quando chegamos a uma comunidade, é comum as crianças dizerem que querem ser policiais, traficantes, jogadores de futebol. Hoje, há crianças que chegam ao QXT e dizem 'Eu quero trabalhar numa grande corporação."

Graziela Bedoian
Coordenadora do Projeto Quixote

"É muito gratificante acompanhar o crescimento pessoal desses garotos e ter a certeza de que, após essa experiência, eles estarão mais preparados para encarar os obstáculos que porventura venham a surgir em suas vidas."

Roseli Mattos
Supervisora do Arquivo da PwC

"Não basta só incluir, senão ocorre uma catarse na vida desses jovens; um investimento financeiro sozinho não dá conta de modificar totalmente a forma de relacionar-se com a própria vida e o mundo. Precisamos estabelecer uma rede de apoio para que outra história passe a ser construída, e é nesse sentido que essa parceira está colhendo bons frutos."

Roberto Carlos Madalena
Coordenador de Educação para o Trabalho do Projeto Quixote

A ESTRUTURA DO PROGRAMA ORIGINAL COM A PwC

Preparação dos jovens: antes de serem encaminhados à seleção na PwC, os jovens participam de um programa de formação para o mundo do trabalho oferecido pelo QXT com duração de, no mínimo, seis meses.

Sensibilização e formação das chefias: a sensibilização tem início com a equipe de RC da PwC, que propõe a gestores da área administrativa que recebam os jovens do programa em seus departamentos e contribuam para seu desenvolvimento, oferecendo-lhes um treinamento próximo e contínuo. Aqueles que aceitam o convite fazem um workshop com o QXT para conhecer o perfil do público com quem irão interagir. Em seguida ocorre a seleção, com entrevistas individuais. A cada trimestre é feita uma reunião individual com cada gestor e representantes das equipes de RC e do Projeto Quixote, com o objetivo de discutir manejos, desempenhos, dificuldades e potencialidades do jovem. A interação entre esses atores propicia um relacionamento de confiança em que o gestor possa a qualquer momento compartilhar alguma dificuldade que esteja sentindo na relação com o jovem.

Acompanhamento das famílias: familiares são orientados pelo QXT a apoiar os jovens nessa etapa de vida, no gerenciamento dos salários, nas vestimentas, no compromisso com a escola e na disciplina.

Acompanhamento psicossocial: durante o estágio, os jovens participam de supervisões periódicas para discutir suas dificuldades e aprendizagens nos diferentes departamentos. No primeiro semestre o momento é de aprender a gerenciar as novas responsabilidades, por isso os encontros ocorrem semanalmente durante as manhãs de quinta-feira, na sede do Projeto Quixote. Já no segundo semestre o foco está no reconhecimento do desenvolvimento alcançado pelo jovem e no planejamento para o período pós-projeto. Nesse estágio as supervisões passam a ser quinzenais, com as demandas individuais atendidas conforme a necessidade.

QUADRO RESUMIDO

Jovens beneficiados durante a parceria com a PwC	93
Jovens contratados pela PwC	46
Apoiadores da PwC	67
Profissionais do QXT envolvidos	04

A silhueta longilínea sustenta uma elegância natural. Os gestos são suaves e econômicos. A fala corre límpida, sem os titubeios e as gírias tão frequentes na expressão de quem se aproxima dos 20 anos. Nos olhos, a curiosidade e a alegria comuns dos que apenas começaram, mas enxergam um futuro pela frente. No crachá, lê-se: "Ilzenir Santana, auxiliar administrativo – PwC".

Capítulo 1

A história de Ilzenir

Quem vê Ilzenir nos corredores da PwC não faz ideia dos passos que precisou dar para chegar àquela firma e acostumar-se com as exigências que recaem sobre os profissionais em formação. Essa imagem do presente foi construída em um percurso surpreendentemente rápido, em que uma garota que até então não havia tido muitas oportunidades soube fazer o melhor com a chance de crescimento que surgiu em sua vida.

Algumas características do complexo panorama em questão – não apenas o de Ilzenir, mas o do mundo do trabalho em tempos globalizados e com altíssimo grau de competitividade – são expressas por algumas máximas. Uma delas afirma que "ao invés de dar o peixe, é melhor ensinar a pescar". Ilzenir Santana dedicou-se a esse aprendizado com afinco, encarando o percurso que a levou do trabalho informal no Brás ao ambiente de um escritório extremamente formal. E o mais importante: com espaço para crescer muito.

No programa da PwC em parceria com o QXT o jovem passava um ano na firma, com carteira assinada e todos os benefícios do trabalhador, e tinha a oportunidade de enfrentar situações reais do dia a dia de uma grande corporação, tanto em termos de responsabilidades e pressões quanto de salário, recebendo uma quantia muitas vezes maior que o salário de seus pais. Ilzenir foi uma das jovens atendidas pelo projeto, incluindo-se também entre as pessoas que conseguiram manter-se no mercado de trabalho após a experiência – no caso dela, na própria PwC.

Haja energia. Durante o ano em que participou do projeto de inclusão social Escritório Escola, Ilzenir tinha que dar conta de um cotidiano desafiador, ao mesmo tempo bastante estimulante também. Senão, vejamos: como bater cartão na Barra Funda às 8 horas e trabalhar até às 17 horas se seu ponto de partida é o Jardim Pantanal, extremo leste de São Paulo, e depois dos turnos de trabalho ainda é preciso enfrentar um terceiro, de ensino médio, chegando em casa todos os dias depois da meia-noite? Como fazem muitos brasileiros: com muita garra.

Assim, ela se desdobrou numa jornada diária de oito horas de trabalho, quatro horas de estudo e cinco de deslocamento, com apenas sete horas para suprir todas as necessidades básicas da existência e, talvez, ainda cumprir algum compromisso escolar. E foi vitoriosa: além de passar na dura seleção da PwC para uma vaga no projeto, cobiçada por muitos estudantes de classes abastadas, Ilzenir cumpriu todas as exigências do período e foi bem avaliada, sendo efetivada e conquistando a chance de um belo futuro pela frente.

O motor para tanto? A vontade. O desejo de mudança. Tudo isso potencializado pela PwC, que oferece aos jovens participantes de seu programa a interlocução com chefias dispostas a desempenhar um papel educativo, coisa rara no ambiente corporativo, e pelo QXT, que ofereceu a Ilzenir o que oferece a todos os jovens que por ali passam: o olhar atento e a escuta acolhedora durante os atendimentos psicossociais; palavras de estímulo para a descoberta de si e dos próprios recursos e talentos, em oficinas criativas; e o elemento que faz a "liga" com a realidade, proporcionando sua transformação: as oficinas de educação para o mundo do trabalho, onde Ilzenir encarou de frente suas limitações e reconheceu suas potências.

Ilzenir hoje vive um grande momento, e sabe disso. Quando olha para o passado, considerando dois anos de sua vida, ela se surpreende ao verificar que viveu uma verdadeira superação. Ontem o trabalho com poucas perspectivas no Brás, hoje o trabalho formal e cheio de possibilidades de crescimento numa grande empresa; ontem a adolescente desbocada e impaciente, hoje a jovem serena e bem articulada; ontem os sábados trabalhando nas barracas da rua Maria Marcolina, hoje os sábados fazendo cursos de aperfeiçoamento; ontem o estudo apenas como condição obrigatória de acesso a benefícios do governo, hoje o estudo como caminho para a realização profissional; ontem o presente imediato da sobrevivência, hoje o presente como ponte para a realização de projetos.

O cenário do passado recente de Ilzenir já é suficiente para dizer do salto dado por essa jovem de fibra, mas não conta tudo. Antes de chegar ao QXT, que lhe abriu as portas para a experiência na PwC, Ilzenir carregou pedra. O panorama em casa não era nada bom: pai ausente, mãe com problemas graves de saúde e impedida de trabalhar, o irmão mais velho envolvido com a contravenção e outros dois mais novos precisando de cuidados. Ilzenir se colocava na condição de provedora das necessidades de todos aos 16 anos de idade.

Quando chegou ao QXT, a situação da sua família já havia sido compreendida, uma vez que o atendimento foi iniciado com a mãe de Ilzenir, que, por sua vez, havia sido encaminhada pelo Conselho Tutelar. Os educadores do QXT, com a tarimba de quase duas décadas de trabalho, perceberam que por trás da mãe de Ilzenir havia uma família inteira a ser trabalhada. Ao conhecerem a garota, viram que estavam diante de uma pessoa com grande capacidade de superação, capaz de aguentar o tranco e seguir adiante sem se dobrar às limitações e tentações do seu ambiente de origem.

De fato, Ilzenir não gosta de fazer papel de vítima. Quando as águas da enchente de 2010 entraram na sua casa, ela enfrentou a questão como um "problema pessoal", daqueles que não devem interferir no ambiente de trabalho. Não comentou com ninguém, nem mesmo com os educadores do QXT. Passou a desdobrar-se ainda mais para monitorar com seus vizinhos a subida das águas, buscando soluções para o bem-estar da sua mãe, que enfrentava problemas de locomoção. Cuidava das suas roupas no meio do caos, colocava na bolsa o sapato social e o estojo de maquiagem, tudo para compor o visual de sobriedade e elegância exigido pela firma, e terminava de se arrumar no banheiro da PwC, antes de chegar ao seu setor de trabalho. Atuava com total lealdade às regras do jogo: empenhe-se ao máximo, não deixe os problemas pessoais interferirem na sua performance. Além disso, e se não acreditassem nela?

Foram dias terríveis aqueles, dividida entre as pressões de uma experiência de trabalho radicalmente nova e a mais absoluta falta de estrutura em casa. Felizmente, sua estratégia de Mulher Maravilha não deu certo. Ilzenir passou a se atrasar, a perder a concentração, a precisar sair mais cedo. Sua chefia começou a reparar que algo estava errado e levou a questão para o QXT, que conseguiu abordá-la e convidá-la a compartilhar o problema. Quando as assistentes sociais do QXT foram até sua casa para fazer um levantamento da situação, concluíram que era extrema. Ainda assim, ela ia trabalhar todos os dias.

Se Ilzenir não leva jeito para vítima, percebeu também que não poderia seguir pela vida agindo sempre como uma super-humana. Que não somos obrigados a dar conta de tudo o que nos acontece. Que há momentos em que é preciso dividir os problemas. Que existem pessoas com quem se pode contar. Que nem sempre solidariedade é sinônimo de paternalismo. Foi quando pôde receber a compreensão de alguns colegas de trabalho que se mobilizaram para prestar-lhe ajuda, como também a escuta sempre atenta do QXT aos seus problemas.

Problemas que apenas começaram a se resolver, uma vez que só agora Ilzenir começa a pensar em si mesma, em seus desejos, em seus planos de futuro. Com o apoio do QXT, sua família começa a se reorganizar, com a mãe ensaiando um retorno ao mercado de trabalho após um longo período de afastamento. Tudo isso é tratado por Ilzenir com discrição e dignidade. Ela só acha "um pouquinho difícil" falar da família, e tudo o mais está bem. Começa a viver como alguém com a vida nos trilhos, entre estudo, trabalho e as descobertas da juventude. Amplia seu repertório e suas relações. Tudo isso sem perder de vista seus planos de futuro. Afinal, acumulou muita experiência para cometer erros que vê à sua volta todos os dias. Diz sentir-se já muito "vivida".

DESEJO DE MUDANÇA

Iniciamos o atendimento da família de Ilzenir por sua mãe, com foco no acompanhamento de seus dois filhos mais novos. Depois passamos a atender Ilzenir, então com 16 anos, e seu outro irmão, esse último em situação mais caótica, já envolvido com a sociabilidade do crime. Faríamos um trabalho voltado para a prevenção, pois detectamos na Ilzenir um potencial de pessoa, de vontade, de uma jovem querendo mudar não só a sua vida, mas a da sua família também. Vimos que Ilzenir era uma menina muito engajada, de muitos potenciais, e decidimos oferecer uma oportunidade a ela: nós a convidamos a participar do Projeto Quixote Jovem, em que os participantes ficam seis meses em encontros e oficinas diversas. Ela agarrou com todas as forças. **Roberto | QXT**

DESCOBERTAS

Quando lembro que não queria ir ao QXT por não conhecer as pessoas nem gostar de falar da minha vida! Para mim, psicólogo era coisa de louco! Eu pensava assim: "O que vou fazer no psicólogo? Meu Deus, não preciso!" Mas hoje vejo que faz muito sentido começar a falar um pouquinho da vida. Adoro o Projeto Quixote. Eles são insistentes, vou te falar! Eles vão jogando informação até você se interessar! Se eles não tivessem feito isso comigo, mesmo que eu tivesse passado na seleção da PwC, talvez não estivesse aqui hoje. Acho que o pensamento deles é despertar, eles querem que as pessoas se descubram... Acho muito bacana mesmo. **Ilzenir | Jovem participante**

EXPERIÊNCIA POTENCIALIZADA

Ilzenir trabalhava no Brás. Lá ela vendia roupas, água, refrigerantes, era o que ela conhecia. Desse circuito de trabalho informal de rua, principalmente de camelô, ela conhecia tudo. Então a gente utilizou isso, ela poderia transpor todo esse conhecimento informal para uma empresa formal – saber o que é hierarquia, trabalho em equipe, início, meio e fim de uma tarefa, riscos. Ela abraçou a oportunidade e vivenciou muita mudança. Em relação à forma de se expressar, de se apresentar, e eticamente também mudou muito. Na rua é "olho por olho, dente por dente". No QXT ela começou a descobrir que cada um tem seu espaço, cada um tem suas potencialidades, cada um tem o seu papel... cada um tem suas habilidades e competências. E como ela é uma menina que se articula bem, foi criando o seu espaço no grupo e se destacando. Assim, uma menina com várias dificuldades foi descobrindo que poderia contar com outras pessoas, inclusive jovens do mesmo grupo. E foi aí que apareceu a oportunidade de encaminhá-la para um processo seletivo na PwC. **Roberto | QXT**

FOCO, FOCO, FOCO, FOCO, FOCO

Teve um momento em que fiquei muito afetada com esse negócio de família e trabalho. No começo eu estava muito interessada no trabalho, queria aprender, inclusive ficava ansiosa porque tinha pouca coisa para fazer. Então percebi que não estava mais produzindo como produzia no começo, porque estava vivendo muitos problemas em casa. Mas vi que não ia adiantar nada ficar morrendo no trabalho e morrendo em casa. Então decidi: "Tem que morrer num lugar só. Eu não vou morrer aqui no trabalho, só em casa. Chega". Passava na catraca, acabou. Casa, esquece. Só trabalho. Foi quando dei a virada, resolvendo um problema pessoal. Achei esse jeito de pensar no trabalho quando estava no trabalho: foco. Foco, foco, foco, foco, foco. **Ilzenir | Jovem participante**

DESAFIOS

Apesar de ser uma menina muito sofrida, a Ilzenir topou um desafio. Isso é muito bom, quando o jovem responde a um desafio. Depois a gente foi descobrindo, ao conversar com ela no atendimento individual e colher um pouco mais da sua história, que ela é uma guerreira. Ilzenir vivenciou problemas, assumiu papéis de responsabilidade na família que não deveriam ser dela – o papel de mãe e de pai dos irmãos, uma carga muito pesada. Ao mesmo tempo, ela não tinha tempo para si, para desenvolver seu potencial. Ela ia para o Brás fazer trabalho informal, qualquer coisa que lhe desse um dinheiro para sustentar a família. **Roberto | QXT**

TEMPOS DIFÍCEIS

No começo do ano de 2010 eu sofri muito porque foi época de chuva e eu moro num bairro baixo, próximo de um rio, onde costuma ter enchente todo final de ano. Teve enchente na minha casa, então eu não dormia, ia trabalhar megaestressada. Foi quando a minha chefa e o Roberto vieram conversar comigo. Eu fui falando e foi saindo um pouquinho daquilo tudo. Estava muito presa, aquilo estava acabando comigo. Eu via o tempo fechando e pensava: "De novo não, chuva não..." Minha amiga me ligava: "Entrou água na sua casa". Eu saía do trabalho desesperada, ou porque minha mãe estava sozinha, ou porque meus irmãos estavam sozinhos, ou porque não tinha ninguém em casa... Foram meses bem difíceis mesmo de trabalhar, viver em casa, cuidar disso, cuidar daquilo... Mas sobrevivi, graças a Deus! **Ilzenir | Jovem participante**

QUIXOTE JOVEM

Nossa equipe trabalha motivada, acreditando que pode mudar a história de pessoas. Todo momento é rico, todo momento é para estimular a vontade de sonhar novamente, a vontade de querer algo diferente pra vida. Queremos que os participantes do Quixote Jovem adquiram confiança e autonomia, pois nosso grande papel é fazer com que eles sejam autônomos, e não que precisem ser tutelados em todas as fases da vida. Conquistar a confiança é fundamental, e o QXT estimula essa conquista ao manter as salas e os armários abertos. Eles podem entrar, frequentar, mexer. Dessa forma, vivenciam situações que dizem respeito à ética e que não faziam parte da rotina deles. O trabalho transcorre assim, com ações pequenas, simbólicas para algumas pessoas, mas que para eles fazem a diferença. A gente aposta muito em passar ensinamentos no cotidiano, no contato, no convívio... é como educar para valores humanos. **Roberto | QXT**

SONHOS

Teve uma época da minha vida em que eu pensava: "Não vou sonhar, para quê, se não conseguirei realizar?" Eu queria muitas coisas – queria ter um carro, uma casa própria, queria fazer uma faculdade, mas não sabia como conseguir nada disso. Aprendi que tem que colocar uma ordem: primeiro tem que cuidar da área profissional, fazer um curso, arranjar um emprego, melhorar o salário... E depois dá pra comprar um carro – ou uma casa, não é? Então é isso: os sonhos continuam os mesmos, só mudou a forma de fazer com que aconteçam, entender como eles podem acontecer, isso ficou mais claro. Minha prioridade é crescer profissionalmente, pois a PwC desperta esse desejo, essa vontade imensa de crescer profissionalmente. Estou indo aos pouquinhos, mas ao menos não estou parada. E o meu maior sonho é ver minha família toda junta, sabe? Reunir todo mundo numa casa melhor.

Ilzenir | Jovem participante

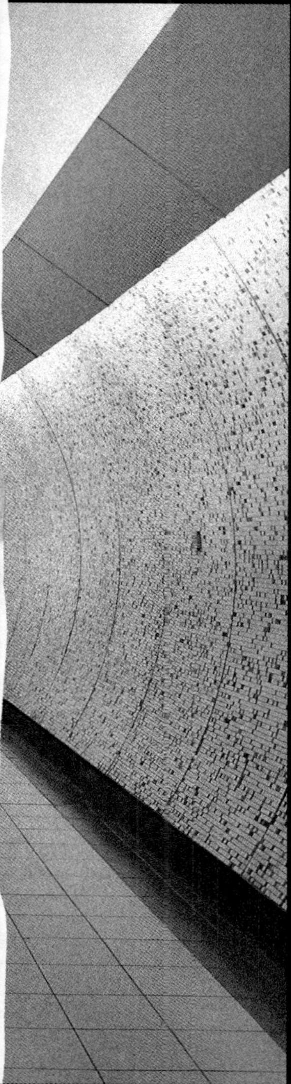

UMA VIDA A RECONSTRUIR

Ilzenir teve que assumir papel de pai e mãe aos 16 anos, e com isso ficou prejudicada na escola. E a escola não assumia aquele papel importante de formação da pessoa, intelectual principalmente. Escola, para Ilzenir, era apenas cumprir uma tarefa para conseguir um emprego. E o emprego? Na verdade a Ilzenir era mão de obra pra qualquer coisa, e o dinheiro era para ajudar a família. Foi como ela se apresentou. A gente foi trabalhando com ela a ideia de que a família não era responsabilidade dela. Ela era parte da família, e não a família toda. Ela tinha uma vida a reconstruir. **Roberto | QXT**

GUERREIRA

A Ilzenir foi mostrando para a PwC a mesma coisa que mostrou para nós, do QXT: que na verdade ela tem uma resiliência, uma força de vontade, e isso é o que move sua vida. Então ela foi conquistando espaço na PwC por mérito, não por ser coitadinha; inclusive já mudou de área e está contratada pela PwC. Agora está muito feliz e começa o seu projeto de vida: coisa que, no âmbito do programa Quixote Jovem, a gente trabalha desde o início, para ela só começa agora, que está contratada. A PwC quer investir nesse sentido oferecendo uma bolsa de estudos para a faculdade, pois ela concluiu o ensino médio e é uma menina realmente guerreira. Vale a pena investir, pois ela mostra a que veio. **Roberto | QXT**

Ele tinha 14 anos, e a mãe, promotora de vendas dos filtros Europa, apenas 30. Acabara de se mudar de Guarulhos, onde vivia com os avós maternos, para o Belenzinho, zona leste de São Paulo, onde passou a morar com a mãe e o padrasto. Fez muitos amigos no bairro, todos em torno da pichação e das coisas da juventude. Passou a extravasar sua criatividade e suas angústias pelos muros de São Paulo.

Capítulo 2

A história de Bruno

Bruno Pastore teve uma adolescência intensa, permeada por experiências fortes. O garoto que engolia com dificuldade o grupo escolar Amadeu Amaral, onde certamente não cabiam sua criatividade nem seus questionamentos, passou a transbordar para "lugares de perturbação", "situações de conflito", em suas palavras. As pichações o levaram a passagens pela Fundação Casa, que, por sua vez, o levou a fazer terapia durante um ano. Teve sorte nos encontros que a vida lhe proporcionou: deu-se bem com a terapeuta Francisca. Por iniciativa dela, Bruno realizou sua primeira vernissage, que reuniu os desenhos feitos nas sessões.

Foi também pelas mãos de Francisca que chegou ao Projeto Quixote, verdadeiro divisor de águas. Bem humorado e muito vivo, esteve sempre atento às oportunidades que cruzaram seu caminho. Uma delas foi o Agente Jovem, um programa do governo federal que estimulava o jovem brasileiro de vilas e periferias a se colocar como protagonista em sua comunidade. Enquanto participava dessa iniciativa, que o levou a muitas elaborações sobre seu contexto social, Bruno também fazia a oficina de preparação para o mundo do trabalho do QXT.

E o primeiro emprego surgiu. Indicado pela Pastoral do Menor, onde também cumpria medida socioeducativa, Bruno foi parar numa cadeia de *fast-food*.

Enfrentou, então, uma crise existencial gerada na fricção entre seus desejos de artista e a necessidade pura e simples de sobrevivência. Era uma situação difícil, pois ele tinha certeza de que a sua única necessidade era um emprego. O emprego veio, mas a última coisa que ele queria fazer era descobrir a temperatura da chapa, condição *sine qua non* para "subir" na hierarquia. Era considerado o lerdo, o estranho, o palhaço da turma.

Quando a situação tornou-se insustentável, coisa de um ano, surgiu uma nova oportunidade de trabalho oferecida pelo QXT: o programa de inclusão social Escritório Escola da PwC. Pediu as contas na rede de *fast-food*, chegando no dia seguinte já "de social" para fazer o acerto. Nas palavras inspiradas de Bruno, o impacto foi imenso: "foi o triunfo do palhaço".

Seguiu então Bruno Pastore para a empresa da Barra Funda. Todo arrumadinho, com talentos de empreendedor, descolado, comunicativo: o perfil que o mercado costuma buscar. Ele era O Cara. O Cara certo, na hora certa, no lugar certo. Tudo isso e ainda carregava um trunfo: ter aguentado um ano de *fast-food*. Passou na seleção e seguiu adiante. Como a vida é cheia de ironias, entre as tarefas de Bruno constava o processamento da folha de pagamentos da mesma rede de comida *fast-food* na qual tinha trabalhado.

Pastore deu certo na PwC, como era de se esperar: após o período de um ano no projeto, foi convidado a continuar na firma. A vida entrou nos trilhos, trabalho-namorada-grafite-de-fim-de-semana, e o sonhado dinheiro fixo. No entanto, novas inquietações começaram a surgir no horizonte. Depois de três anos ele achou que estava tudo excessivamente em ordem. Vivia uma rotina regrada, sentia-se domado pelo ditado que diz que "o importante não é a gente fazer o que gosta, e sim gostar do que faz". E resolveu agir. Ou melhor, resolveu não agir. Não foi fácil, não foi assim tão calculado. A atuação de Bruno foi movida pela angústia e uma boa dose de forças inconscientes, daquelas que acabam fazendo as pessoas fazerem as escolhas certas de formas um tanto quanto atrapalhadas. Depois de três anos, Bruno Pastore foi demitido da PwC. Bruno fez-se demitir. Foi uma escolha existencial.

A despeito das alegrias proporcionadas à família – a ajuda financeira em casa e o visual bem comportado sonhado pela avó –, a despeito do dinheiro garantido para as tintas e para o *rolé* com a namorada no fim de semana, mesmo feliz com as oficinas de português que o apresentaram a futuras inspirações como Edgar Allan Poe; e ainda contando com amortecedores de rotina como as amizades no ambiente de trabalho, as guerrinhas de elástico e o som dos Racionais no computador, e, além de tudo isso, muito elogiado pelos chefes, com possibilidades de crescimento caso encarasse uma faculdade, não deu. Pastore entrou numa crise que só acabou quando ele foi demitido.

Bruno já estava totalmente tomado pela arte, ouvindo o chamado de um certo *Coração denunciador*, conto de Allan Poe que também se transformou em título de seu primeiro livro de poemas, publicado pelo selo Literatura Suburbana em 2008. Os poemas, no entanto, nasceram de sua temporada na PwC. Como também uma série de eletrogravuras que Bruno fazia como uma válvula de escape para neutralizar suas angústias. Ele aproveitava o lixo de papel que a PwC jogava fora, como formulários em branco e códigos de barras, criando imagens e frases em xerox. Como havia um cenário de colagem em São Paulo, ele e um dos amigos da PwC saíam do trabalho direto para a colagem de seus criativos lambe-lambes. Ele ia para a firma com seu tênis de grafiteiro, todo sujo de tinta. Chegando, trocava-o pelo sapato social obrigatório, que ficava dentro da gaveta, vestindo a fantasia que sustentava durante todo o dia. Ao sair, fazia novamente a troca. A fase das colagens fez com que ele fortalecesse suas relações com as artes visuais, que depois passaram a ser seu meio de vida. Em boa hora, pois o grafite ganhou espaço no mercado, com propostas de trabalho em galerias, vitrines e fachadas de empresas para os grafiteiros.

Pagou então o preço: acabou sendo demitido e deixou a firma, perdendo uma renda fixa e todos os benefícios de uma carteira assinada e de um futuro promissor. Investiu nas possibilidades sempre incertas da arte e suas potencialidades de transformação.

Hoje com 26 anos, aos 23 Bruno Pastore estreou na função paterna. Seu filho chegou sem programar, proporcionando mais uma grande intensidade em sua vida. A vida exigia dele uma "presença", como gosta de dizer. Alguém que ainda não havia conhecido o próprio pai, como era seu caso, estava sendo exigido a se posicionar como tal. Pai de um menino também. Amadureceu à força. E, depois de tudo isso, veio a conhecer seu pai. Um ciclo que se completou em sua vida.

Hoje, como educador social do Projeto Quixote, ele tenta provocar em seus alunos o que o QXT provocou nele quando frequentava as oficinas de grafite e break: uma mudança de olhar, uma forma mais ampla de enxergar as coisas – especialmente novos caminhos, novos objetivos a serem conquistados. Uma ampliação das escolhas possíveis, escolhas de novos desafios. A PwC fez parte dessa ampliação de repertório: para Bruno, a experiência foi algo fundamental para fazê-lo posicionar-se frente à vida. Ele teve escolha, e foi corajoso o suficiente para fazê-la.

Este é Bruno Pastore, grafiteiro, poeta e educador social. Assumiu sua identidade de artista e contribui, com toda a sua vivência, para o crescimento de jovens em situação de risco. Ele tem apenas 26 anos e já é um cara muito vivido.

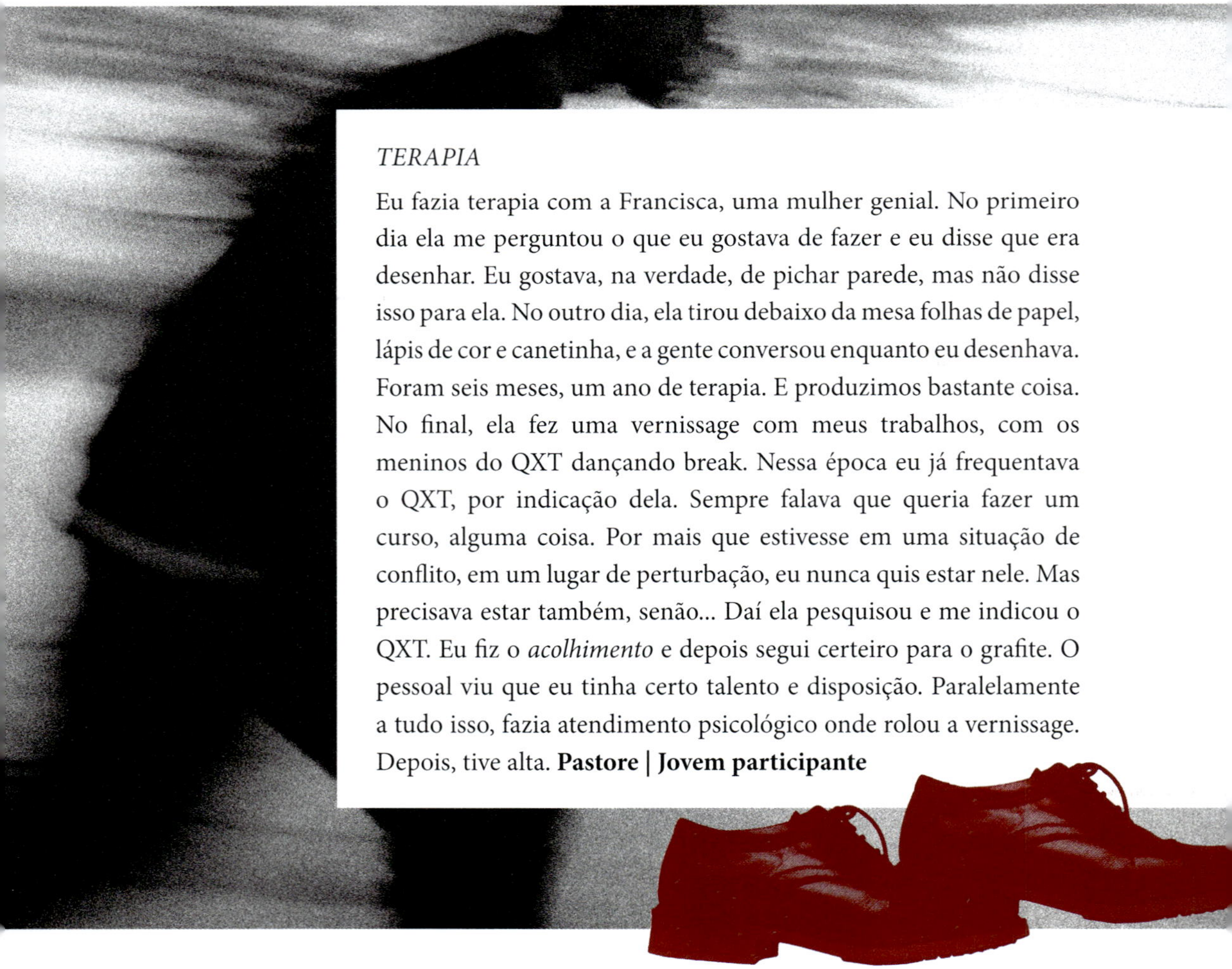

TERAPIA

Eu fazia terapia com a Francisca, uma mulher genial. No primeiro dia ela me perguntou o que eu gostava de fazer e eu disse que era desenhar. Eu gostava, na verdade, de pichar parede, mas não disse isso para ela. No outro dia, ela tirou debaixo da mesa folhas de papel, lápis de cor e canetinha, e a gente conversou enquanto eu desenhava. Foram seis meses, um ano de terapia. E produzimos bastante coisa. No final, ela fez uma vernissage com meus trabalhos, com os meninos do QXT dançando break. Nessa época eu já frequentava o QXT, por indicação dela. Sempre falava que queria fazer um curso, alguma coisa. Por mais que estivesse em uma situação de conflito, em um lugar de perturbação, eu nunca quis estar nele. Mas precisava estar também, senão... Daí ela pesquisou e me indicou o QXT. Eu fiz o *acolhimento* e depois segui certeiro para o grafite. O pessoal viu que eu tinha certo talento e disposição. Paralelamente a tudo isso, fazia atendimento psicológico onde rolou a vernissage. Depois, tive alta. **Pastore | Jovem participante**

ACOLHIMENTO

Esta fase ocorre assim que a criança ou jovem chega ao Projeto Quixote, e pode durar até três meses. São realizadas diversas oficinas (artísticas, lúdicas e pedagógicas) e atendimentos individuais com equipe clínica e social com o objetivo de conhecê-lo melhor, e iniciar a construção de vínculos com o Projeto Quixote. É nesta fase justamente que, em conjunto com a equipe do Quixote, é elaborado o seu projeto de vida. Ao mesmo tempo, o Projeto Quixote entra em contato com os familiares de cada acolhido para envolvê-los no processo. **Pastore | Jovem participante**

BONS ENCONTROS

Eu via no QXT outros grafiteiros com um potencial parecido com o meu vivendo do que gostavam. Era isso que eu queria para mim. Na PwC chegou a um extremo, não dava mais. Mas tudo tem seu lado bom. Lá eu conheci o Roger, e nós dois montamos um grupo de rap. Roger tinha chegado de outro projeto. É um cara genial, hoje ele estuda Direito. A gente se conheceu no grupo de estudos de português, que a empresa oferecia na hora do almoço. Rolou uma afinidade. Ele já escrevia umas rimas e eu também, e lançamos um grupo: Naipe do Gueto. Era uma família, pessoas que se encontravam para fazer rap. A gente era do *free style*, ia trabalhar rimando, voltava rimando, conversava rimando, trocava e-mails rimando, fazia *beat-box* pelos corredores. Na época em que estava na PwC eu comecei a escrever meus poemas. Depois publiquei um livreto que vem dessa experiência: *Coração denunciador*, um coração que fica embaixo do assoalho. **Pastore | Jovem participante**

MEU NOME NA RUA

Toda quinta eu e Roger íamos para a Galeria Olido, onde tinha uma *jazz band* e *free style*. Íamos depois da PwC, de social mesmo. Vários MCs e rappers colavam lá para fazer um som. Em certo momento o MC falava: "microfone aberto". E a gente ia na febre para mandar nosso som. Lá eu conheci umas pessoas que colavam lambe-lambe na rua. Eu já fazia grafite e já tinha experimentado lambe-lambe no Belém, então resolvi me amarrar nisso. Queria jogar meu nome na rua, queria ser, sabe? Então comecei a fazer as eletrogravuras. Peguei o conto do Allan Poe, recortei o coração, fui na máquina de xerox e ampliei. Ficava depois do expediente experimentando, fazendo montagens com códigos de barra e antigos formulários vazios que eram usados para rascunho ou jogados fora. E nessa época estava rolando uma cena de colagem em São Paulo. Então resolvi partir para essa porque eu não gastava nada, tinha folha ali à vontade, era uma forma de me expressar, dizer algo. **Pastore | Jovem participante**

METAMORFOSE AMBULANTE

Acredito que a gente é uma metamorfose. Precisamos estar em constante transformação, se colocar na transformação ou deixar ela vir, porque é inevitável. Tentamos fugir dela ficando num lugar cômodo, mas ela sempre vem. No meu caso, veio de várias formas. Uma delas foi a gravidez da minha namorada, já no final do nosso relacionamento. Foi muito difícil para mim, foi barra pesada. Quando eu decidi que não iria mais entrar em contato com a Cristiane, ela me ligou para dizer que estava grávida. Isso me fez refletir muito sobre o que significa protelar as coisas e resistir às mudanças. E encarei também a nova mudança, ser pai, que hoje é muito bom para mim. Procuro participar da criação do meu filho e ter uma relação boa com a mãe dele. **Pastore | Jovem participante**

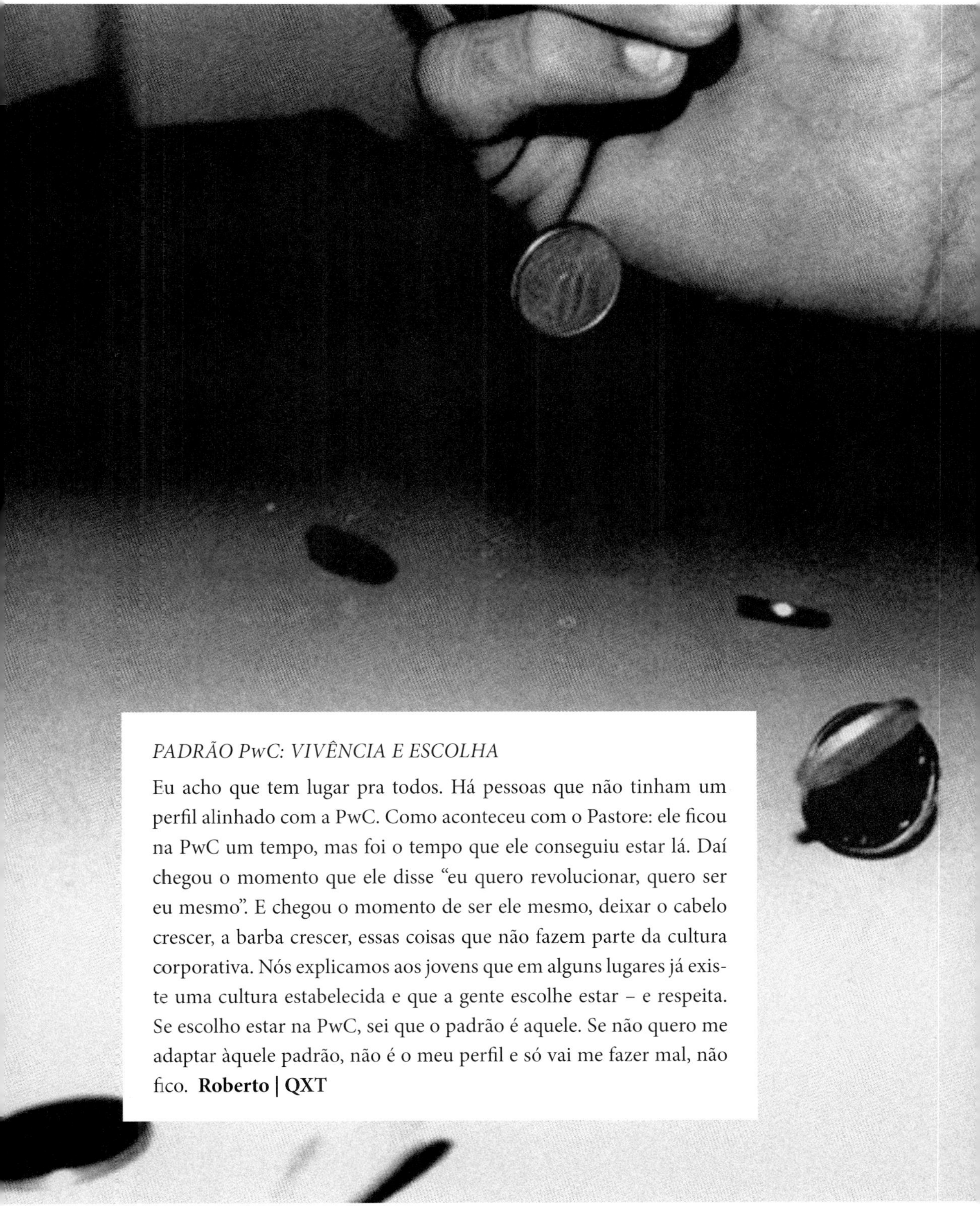

PADRÃO PwC: VIVÊNCIA E ESCOLHA

Eu acho que tem lugar pra todos. Há pessoas que não tinham um perfil alinhado com a PwC. Como aconteceu com o Pastore: ele ficou na PwC um tempo, mas foi o tempo que ele conseguiu estar lá. Daí chegou o momento que ele disse "eu quero revolucionar, quero ser eu mesmo". E chegou o momento de ser ele mesmo, deixar o cabelo crescer, a barba crescer, essas coisas que não fazem parte da cultura corporativa. Nós explicamos aos jovens que em alguns lugares já existe uma cultura estabelecida e que a gente escolhe estar – e respeita. Se escolho estar na PwC, sei que o padrão é aquele. Se não quero me adaptar àquele padrão, não é o meu perfil e só vai me fazer mal, não fico. **Roberto | QXT**

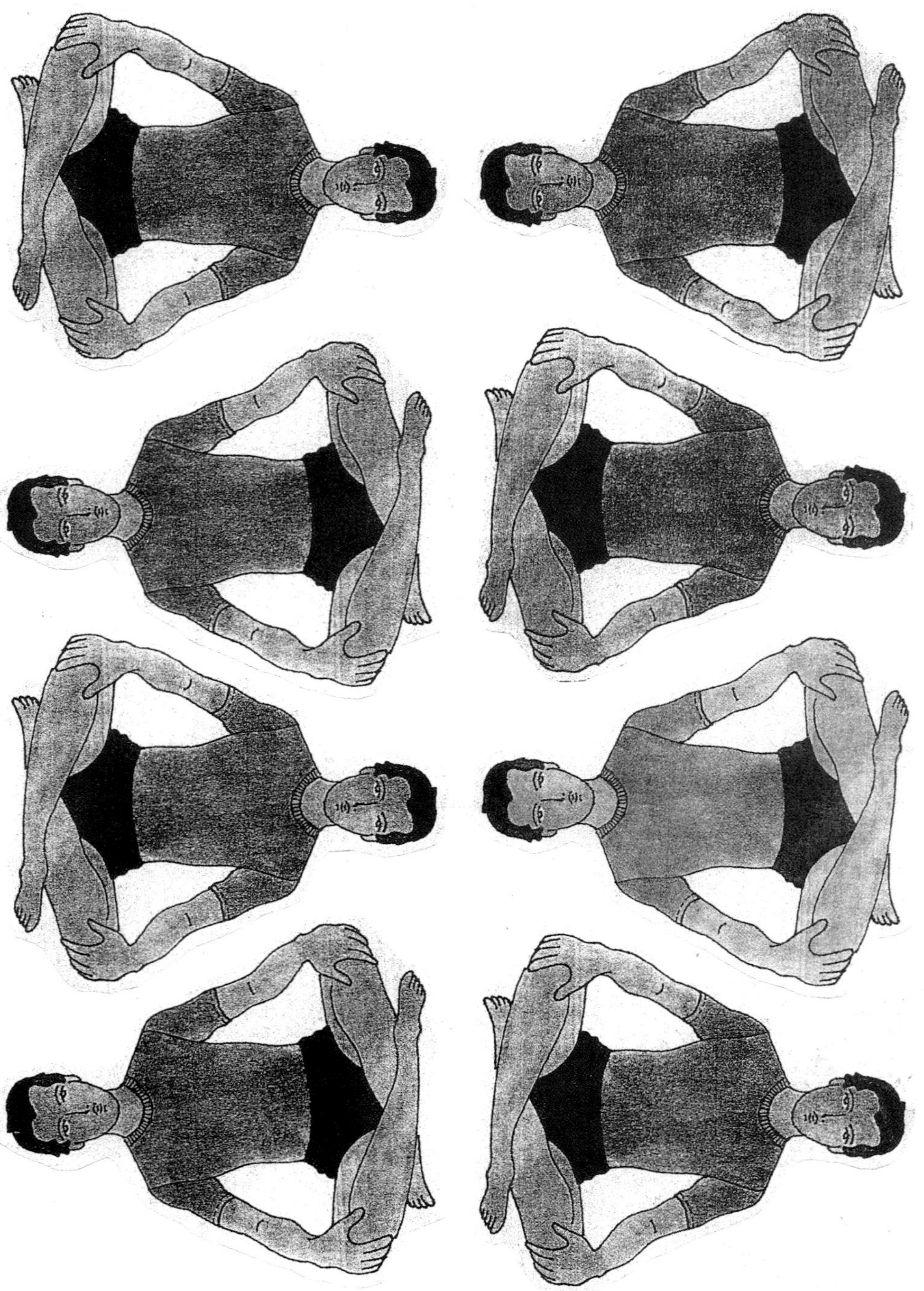

O impacto do projeto de inclusão social Escritório Escola sobre os rapazes e moças encaminhados pelo QXT é facilmente perceptível. Permanecendo ou não na firma, os participantes têm a oportunidade de frequentar um universo novo para eles. Nos escritórios da PwC eles foram recebidos, acompanhados, orientados, aconselhados, estimulados, cobrados, vivenciando o que o QXT chama de ampliação de repertório, um dos objetivos da instituição junto a esse público. Um novo ambiente possibilita a emergência de novas questões, novos pontos de vista para perceber a si próprio, novas formas de lidar com dúvidas e desafios e a descoberta de soluções antes inexistentes no horizonte de cada um.

Capítulo 3

A vivência do educador corporativo

E quanto aos profissionais que recebem esses jovens e lidam com eles diretamente? O projeto tem a proposta de acompanhar também os chefes desses jovens, chamados *coaches* ou "educadores corporativos", auxiliando-os nas dificuldades que vivenciam durante a experiência e ajudando-os a elaborar as questões que venham a ter. No caso da PwC, a proposta era oferecer ao jovem em experiência uma oportunidade real de trabalho numa grande empresa, por isso os *coaches* ficaram à vontade para conduzir o processo conforme o estilo de cada um. A ideia era que eles atuassem da mesma forma que com os demais profissionais em início de carreira, contando com o suporte do QXT quando sentissem necessidade.

Algumas diretrizes básicas norteiam os educadores corporativos, algumas delas atribuídas a qualquer pessoa no papel de chefia, e outras devidas à especificidade da situação. Assim, além de receber o jovem e incentivar a sua integração no ambiente da empresa, orientando os seus primeiros passos, observando potencialidades a serem desenvolvidas e limitações a serem vencidas, cabe ao educador corporativo do projeto de inclusão social Escritório Escola o desenvolvimento de certa sensibilidade e compreensão que em geral não são exigidas na lida com qualquer outro profissional. Sensibilidade para saber dosar a cobrança natural do mundo do trabalho sobre o jovem em experiência e compreensão para percebê-lo de forma mais ampla, compreendendo suas dificuldades e sabendo a hora de encaminhar questões para o QXT. Ou seja: ao *coach* é solicitado que desenvolva habilidades de educador, um grande desafio.

O papel pedagógico que os *coaches* são convocados a exercer durante o processo exige muita sensibilidade: eles precisam identificar ineficiências e fazer os encaminhamentos devidos, seja para as oficinas de formação da empresa, seja para o QXT; devem estar atentos à inserção da pessoa no grupo – o que nem sempre se dá naturalmente, pois esses jovens vêm de ambientes sociais muito diferentes daquele que encontram na PwC; devem ser compreensivos com as dificuldades e limitações apresentadas, mas ao mesmo tempo evitar a postura superprotetora. Trata-se, enfim, de uma posição extremamente desafiadora, que envolve chefiar, ensinar, compreender e gerenciar conflitos.

Alguns encontram em sua própria biografia vivências que estimulam o trabalho com os jovens do projeto. É o caso de Roselene Nieuwenhoffe, secretária da PwC. Roselene trabalha formalmente desde os 15 anos de idade. No entanto, começou mesmo aos nove, a contragosto de seu pai, numa fabriqueta de brincos do vizinho. Ela estudava pela manhã e colava brincos na parte da tarde com outras crianças, que ali estavam por vontade própria e com a concordância das mães. Filha de uma família de cinco irmãos e orçamento muito apertado, logo desejou produzir alguma renda para ganhar um pouco de autonomia. Roselene lançou mão dessa experiência pessoal, familiar, e também de outras situações que passou como profissional para atuar como *coach* de três jovens encaminhadas à PwC pelo QXT. Com uma delas, sentiu a alegria de vê-la chegar, vencer dificuldades e dar saltos profissionais antes impensáveis para a própria jovem.

O engenheiro civil Rodrigo Hayakawa, então coordenador de gestão de projetos da PwC, mantém algumas atividades fora do mundo corporativo que lhe conferem um perfil muito próximo ao de um agente social: Rodrigo gosta de realizar projetos sociais, atuando em duas ONGs em seu tempo livre. Ele integra uma entidade dedicada a cuidar de pessoas com deficiência física e intelectual em Itaquera, zona leste de São Paulo, e atua na articulação de outra ligada à ONU que tem o propósito de defender a paz e o progresso no mundo. Com toda essa tarimba, Rodrigo abraçou a tarefa de *coach* na PwC, atuando cinco vezes como educador corporativo. Ele considera a função uma grande experiência, e afirma que ser *coach* foi uma grande realização pessoal, pois sentiu que estava contribuindo para a sociedade.

Por trás dessa experiência encontra-se Wander Teles, sócio da PwC. Teles foi um dos idealizadores do programa, contribuindo para estruturar na PwC uma ideia a princípio tão ousada: levar para a firma adolescentes em conflito com a lei provenientes da antiga Fundação Estadual do Bem-Estar do Menor (Febem, hoje Fundação Casa). Tudo começou em 2001, com o projeto "Capacitação de jovens em situação de risco", constituído de aulas de informática dadas por voluntários da PwC a jovens da Febem. Das aulas, dadas em parceria com o Comitê para Democratização da Informática (CDI), a PwC passou à proposta de abrir postos de trabalho em seu escritório para rapazes em semiliberdade e liberdade assistida. A parceria com o Projeto Quixote teve início em 2003, quando a PwC percebeu a necessidade de um parceiro técnico para apoiar a firma no acompanhamento sistematizado dos participantes. Hoje, após 10 anos de experiência, o Projeto Escritório Escola se consolidou como uma experiência bem sucedida e esta pronto para ser implantado em outras empresas.

Como todos os membros da PwC que deram sua contribuição à experiência, Roselene Nieuwenhoffe, Rodrigo Hayakawa e Wander Teles também tiveram dificuldades e surpresas. As vozes dos três aqui reunidas traçam um painel do trabalho do *coach* no âmbito do projeto.

O projeto surgiu a partir dos primeiros cursos que demos na Febem: nossa equipe tratava diretamente com a Secretaria de Segurança e com a Câmara Americana, e o objetivo da ação social era oferecer àqueles jovens atividades diferentes das que eles tinham na Fundação, por meio do aprendizado de informática e do convívio com nossos profissionais. Depois de um ano, ficava a pergunta: "será que nossa vocação acaba aí?" Tínhamos a preocupação de não nos limitar à transmissão de uma mensagem técnica em si, mas também de possibilitar uma convivência diferente. A gente achou que aquilo, de fato, era muito mais que dar aulas de informática. E o próximo avanço seria contribuir com a reinserção social daqueles jovens. Então começamos a experiência com eles no mundo do trabalho. Depois de um ano, concluímos que tínhamos condições de ampliar o projeto. Procuramos um parceiro que pudesse nos apoiar nisso e encontramos o Projeto Quixote, que foi realmente um belo achado – foi quando pudemos realizar o sonho de dar sequência prática àquelas aulas de informática, ou seja, aproveitar jovens que tivessem um potencial a ser desenvolvido com a nossa contribuição e que viessem a somar com a gente. **Wander | PwC**

UMA EXPERIÊNCIA REAL DE TRABALHO

Acreditamos que todos, sem exceção, devem respirar a realidade da área em que estão atuando. Essa é nossa maior contribuição para qualquer *trainee*. Assim, evitamos tratar os jovens do QXT de forma diferente do tratamento dado aos demais profissionais da firma. Também evitamos a todo custo formatar os chefes para agirem todos iguais. Não ia dar certo com a proposta de oferecer ao jovem uma vivência real de trabalho. Se os demais sentem um pouquinho de medo do chefe, por que é que com ele vai ser diferente? O chefe vai ser chefe com todo mundo. Se em outra área aquele garoto sente mais intimidade com o chefe por ser mais brincalhão e tal, é o mesmo que os outros funcionários dele vão sentir. Quisemos a todo custo evitar que o jovem vivenciasse uma situação falsa, feita só para ele, por ele estar em uma condição especial. Quisemos integrar os jovens em uma situação real. E deu certo, pois o grau de aproveitamento dos garotos aqui foi grande. **Wander | PwC**

UMA EXPERIÊNCIA REAL DE TRABALHO

O jovem que vem de uma USP, de uma GV, de uma PUC está muito mais bem preparado. Ele vai para o mundo profissional com muito mais ferramentas do que apenas as técnicas. Mas, de qualquer maneira, o que a gente almejava não era que eles "se encontrassem". O que almejávamos era que aplicassem seu potencial de uma forma integral. Se eles usaram seu potencial de uma forma integral, já nos consideramos bem-sucedidos, tanto com o jovem que entrou com a gente e desenvolveu uma carreira de auditoria quanto com o jovem numa carreira administrativa, mas que começou com um déficit enorme de educação, relacionamento, uma série de coisas. Se ambos usaram seu potencial, consideramos que o projeto foi bem-sucedido. **Wander | PwC**

ENSINAR A PESCAR

Tentei mostrar a um dos jovens que não foi efetivado que não há demérito nenhum em não ser contratado pela PwC. O objetivo aqui era ensinar o jovem a pescar, prepará-lo para o mercado de trabalho, possibilitar que ele mudasse a realidade dele e da família, mostrar um mundo diferente para que ele pudesse avançar em uma carreira em termos profissionais e financeiros. São mundos diferentes que se encontraram durante o projeto. A irmã de uma das minhas auxiliares, por exemplo, ficou grávida ainda muito jovem, solteira e sem trabalho. Já a jovem auxiliar quer ter um filho mais tarde, já viu que tem que cuidar da carreira. Os amigos de outro auxiliar também tiveram filhos muito jovens. Aqui, eles viam que o pessoal tem filhos mais tarde, fazem uma faculdade. Tivemos a possibilidade de mudar a percepção de mundo do jovem que ingressava. **Rodrigo | PwC**

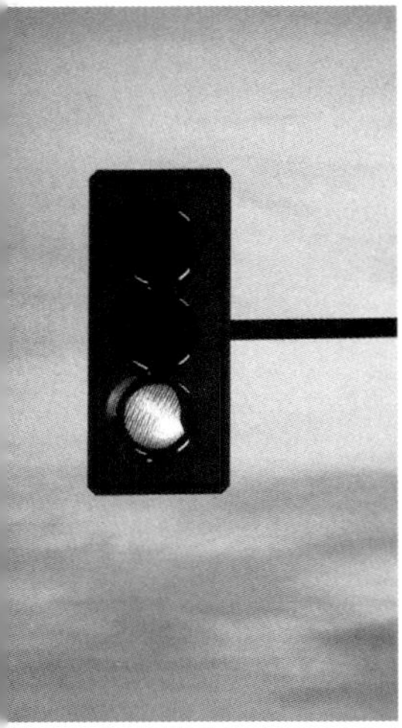

INTEGRAÇÃO

Antes de o jovem entrar no departamento havia as avaliações por parte do projeto, mas não sabíamos se ele estava de fato preparado para a experiência, como seria sua reação durante o dia a dia. Tínhamos cobrança por desempenho no departamento. Como será que ele iria reagir a isso? Aqui é um ambiente totalmente diferente do que ele está acostumado. Pessoas que ele não conhecia direito de repente iriam cobrar sua atenção no trabalho, falar de um erro que ele cometeu, avaliar seu conhecimento. Integrar esse jovem era um desafio. Não ficar atento a isso criava pontos negativos, problemas dentro do departamento, o trabalho não fluía. Acredito que lidamos bem com isso: o grupo aceitou bem todos os jovens, não houve casos de excesso de atenção, nem de deixar ninguém de escanteio. Não dá para tratar esse jovem como coitado, e sim como igual. **Rodrigo | PwC**

A CHEGADA DO JOVEM NO AMBIENTE DA FIRMA

Como todos os demais jovens que chegam para trabalhar conosco, os jovens do QXT absorveram a complexidade da firma de forma paulatina. Claro que cada um sabia que estava num mundo muito diferente do que vivia, mas não cobramos o entendimento imediato do todo. Pela forma como a gente iniciava com esses garotos, eles viam primeiro o que estava mais à frente deles: os cursos de contabilidade e de auditoria. É claro que eles sabiam que havia algo por trás daqueles trabalhos pequenos. Quando um auxiliar estava conferindo a soma de um relatório ou inspecionando uma nota fiscal de um documento, ele sabia que por trás daquilo havia um parecer de auditoria que um sócio iria emitir. No entanto, ainda não estava clara para ele toda a complexidade da organização, multifacetada, multidisciplinar, com uma série de segmentos na área de bancos, indústrias, farmacêutica, de varejo e tal. Os jovens iam tomando contato com essa complexidade aos poucos. Quando um profissional chega a gerente, a diretor, já tem 10, 12, 15 anos conosco. **Wander | PwC**

O PERFIL PROCURADO PELA FIRMA

Existem dificuldades para se contratar um jovem de 20 anos que são comuns a todos. Quando tínhamos 20 anos, não sabíamos direito o que queríamos fazer. É preciso se testar, às vezes, em várias profissões para descobrir: "essa é a minha". Quando a PwC contrata, arrisca em alguém que parece ter um perfil para a firma. Parece. E vai observando. Avaliamos basicamente o perfil comportamental e pessoal: o uso do próprio potencial, a capacidade de relacionar-se e de trabalhar em equipe, a honestidade, naturalmente, e um mínimo de entendimento da lógica organizacional. **Wander | PwC**

LIDANDO COM AS DIFERENÇAS

Havia jovens mais extrovertidos, com sinais de liderança, que faziam sugestões ou sempre se apresentavam para ajudar a resolver os problemas. Havia os mais introvertidos, que ficavam na deles e demandavam um trabalho de aproximação. Os conhecimentos e habilidades também eram muito variados. Tinha jovem que gostava mais de falar e era bom para explicar, outro era bom executor e não se comunicava tão bem. Cabia a mim, como *coach*, observá-los e buscar atividades que pudessem inserir esses jovens no grupo. Como *coaches,* precisávamos extrair o melhor de cada um. E também perceber quando um jovem não tinha perfil para trabalhar no escritório. Um jovem mais voltado às artes, por exemplo, dificilmente iria conseguir se adaptar ao trabalho que fazemos aqui, que é bem metódico. **Rodrigo | PwC**

JOVEM NOTA 10

Era o ano de 2008 e eu estava com um volume de trabalho muito grande. Precisava de uma ajudante, surgindo então a oportunidade de trazer alguém do projeto que a PwC mantinha com o QXT. Meu chefe autorizou a experiência em nosso departamento. Lembro que entrevistei Jéssica e outra garota para a vaga e optei pela Jéssica. A escolha foi excelente, pois Jéssica teve um desempenho fora do comum. Tinha interesse, era comprometida, quietinha, na dela. Ela foi ótima, principalmente se lembrarmos das limitações que vivia no momento – aquele era seu primeiro emprego e a PwC era um mundo totalmente diferente do que estava acostumada. Com seis meses de PwC, não apenas me ajudava como passou a pegar o trabalho técnico, que é a parte fiscal, e a ajudar o pessoal que também estava atolado de trabalho. Ela fazia tudo perfeito, o pessoal elogiava, não precisava conferir. Depois, foi efetivada e promovida duas vezes. **Roselene | PwC**

EXPERIÊNCIAS NEM SEMPRE TÃO POSITIVAS

Tivemos experiências de muito sucesso, mas houve situações muito difíceis também. Tudo na vida tem os dois lados: existem pessoas que têm aptidão para o nosso tipo de trabalho e outras que não têm. Tive a oportunidade de trabalhar com jovens com diferentes histórias, alguns com dificuldades de leitura e escrita que não dariam para corrigir num curto período, outros com personalidade difícil e muitas vezes falta de empenho e comprometimento. Um fator que atrapalhou muito o processo foi a gravidez precoce, inclusive durante o período do projeto. Toda uma história de vida do jovem impacta sobre a experiência, que acontece num período de tempo muito curto. Conseguir uma mudança concreta, dar um novo rumo para a vida deles, em alguns casos era um grande desafio. Fizemos o que estava ao nosso alcance, mas dependia também da vontade do jovem, do seu comprometimento, e principalmente de seus objetivos. As oportunidades eram oferecidas, mas nem todos estavam preparados, e acabavam não se adaptando ao mundo corporativo. Mesmo com todo o nosso empenho e com o apoio do Quixote, infelizmente, em alguns casos não conseguimos fazer muito. **Roselene | PwC**

CONTRIBUIÇÕES DE UMA *COACH*

A Jéssica era muito tímida no começo. Tinha muita dificuldade porque morria de medo das pessoas, do ambiente, de errar. Isso não a atrapalhava quando estava comigo, mas depois de efetivada ela enfrentou desafios nesse sentido. Um novo gerente percebeu seu potencial e quis que ela fosse trabalhar *full time* em um cliente externo. Ou seja: ela iria mudar de endereço de trabalho, a rotina seria outra. Ela se apavorou. Foi no primeiro dia, voltou para a PwC chorando no final da tarde e disse ao gerente que não voltaria mais lá. Daí eu fui conversar com ela: "A gente está numa zona de conforto, mas se você não colocar a cara para bater, nunca vai saber o que é o mundo lá fora. Além do mais, para a carreira que escolheu, você precisa ir para o cliente". Sempre dizia para a Jéssica sair da caixa, inclusive da caixa do grupo de jovens do QXT. Ela tinha oportunidade de fazer outras amizades, mas não fazia. Então, eu e o Roberto começamos a fazer um trabalho para ela sair desse mundinho e conseguir crescer. Por fim ela entendeu, saiu um pouco da turminha, começou a fazer faculdade. Amadureceu. Está outra: melhorou a postura, conversa com qualquer pessoa. **Roselene | PwC**

PERFIL DE CHEFIA

Eu era exigente dentro dos limites dos jovens. Quando percebia alguma dificuldade, fazia o máximo para ajudar. Quando a jovem auxiliar tinha dificuldades com computador, pedia que procurasse o Centro de Autoinstrução da firma para aprender informática. No caso de outras dificuldades, recorria ao Projeto Quixote para encontrar outros encaminhamentos. **Roselene | PwC**

LUGAR DE RESPONSABILIDADE

Quando voltei para a PwC, em 2007, havia um coordenador que cuidava do projeto há dois anos. Mas no meio do segundo ano ele foi transferido para outra área, e eu assumi suas funções no projeto. A princípio, achei uma responsabilidade muito grande, pois você tinha ali um jovem em início de carreira, vindo de uma estrutura social diferente daquela a qual você está acostumado. Primeiro, era preciso ter o cuidado de inserir essa pessoa no grupo em que ela iria trabalhar. O pessoal que cuida do projeto nos orientava que não dava para superproteger esse jovem, pois o objetivo era prepará-lo para o mercado de trabalho. **Rodrigo | PwC**

SER *COACH* COMO CONTRIBUIÇÃO PARA A SOCIEDADE

Na vida é importante ter um objetivo, vislumbrar um objetivo ali na frente e traçar metas para chegar lá. Tudo bem que não seja no tempo planejado. Quando se é *coach* de um jovem, você precisa criar uma base para que ele possa evoluir na carreira e atingir sozinho o que planejou. Para mim, ser *coach* foi uma grande realização pessoal, pois senti que estava contribuindo para a sociedade. Foi uma satisfação muito grande. E, no caso, tínhamos ainda a vantagem de contar com uma estrutura de suporte. **Rodrigo | PwC**

RELAÇÃO *COACH*/JOVEM PARTICIPANTE

Nas auditorias adotamos um esquema chamado "sol e sombra": alguém experiente cuidando de alguém menos experiente. Quer dizer: o sol é o sênior e o *trainee* é o sombra. Onde vai aquele sol, o sombra vai atrás. Com os meninos do Projeto Quixote a gente replicou a mesma estrutura: havia um responsável na área que iria ser o sol daquele garoto, ou seja, observaria sua conduta na PwC, incluindo pequenos detalhes com cuidados pessoais até seu desempenho escolar. Então, como a gente trata os nossos profissionais, tratava também os garotos provenientes desse convênio com o QXT. Acho que não saberíamos fazer diferente: uma empresa é bem-sucedida num projeto social quanto mais ela consegue replicar o que sabe fazer bem. Nossa vocação é conhecimento, é crescimento profissional, e é isso que podíamos oferecer. **Wander | PwC**

UMA EXPERIÊNCIA MARCANTE

A experiência com um dos jovens me marcou bastante. Eu conversei muito com ele ao longo dos 12 meses em que ficou conosco. Era um garoto que vinha de uma família desestruturada, de uma formação escolar ruim. Tive uma dificuldade enorme de passar conceitos para ele. No entanto, ele entrou na faculdade durante o projeto, apesar de suas ineficiências. Na época, eu disse: "parabéns, mas você vai começar a pagar uma faculdade agora e o projeto vai até junho. E depois? É seu sonho, mas não seria melhor você trancar a matrícula e retomar quando for efetivado em algum lugar?" Ele começou a estudar e parou dois meses depois. Primeiro, porque não conseguiu acompanhar a faculdade e trabalhar ao mesmo tempo, voltar tarde para casa, pois mora longe, e começar a trabalhar cedo aqui. E em termos financeiros também: não é só pagar a faculdade, mas tem que tomar um lanche, comprar livros. Fiquei em dúvida se tinha o direito de lhe falar que faculdade naquele momento não seria uma boa ideia, pois era um sonho dele. Fiquei me questionando em relação a isso. É uma realidade que conhecia de leitura, de documentário, mas não de vivenciar no dia a dia, então isso me marcou bastante. **Rodrigo | PwC**

O ACOMPANHAMENTO DO QUIXOTE

Neste projeto eu sempre tive muito apoio do QXT. Dividia com o Roberto todo tipo de questão. Mesmo quando não havia problema algum com a pessoa em treinamento, caso eu percebesse alguma dificuldade relacionada à família, agendava um encontro para trocar ideias. Passamos por todo tipo de situação, desde a pessoa que dava errado até aquela que dava certo, mas a família não estimulava porque acha va que ela iria se decepcionar, que não iria conseguir. Quando percebia esses casos, pedia sempre a interferência do QXT junto à família. O pessoal do QXT é maravilhoso, eles acompanham o jovem mesmo, é uma coisa fora do normal. O que a gente sentia aqui dentro, eles sentem lá também. **Roselene | PwC**

ENCONTRANDO OS LIMITES

Mesmo sentindo afinidades, acho que consegui separar as coisas. Mas não tem jeito: quando você percebia que o jovem estava com um problema pessoal, chegava e perguntava o que estava acontecendo. É o que nossos chefes fazem na PwC, eles sabem que somos seres humanos, estamos aqui trabalhando, mas, em alguns momentos, a vida pessoal pode interferir no trabalho. Como *coach* eu chamava as meninas para conversar várias vezes. Nessas horas elas abriam até para justificar a falha, e você acabava dando conselhos na vida pessoal. Você acabava se envolvendo com os problemas, mas de longe, e sempre com o apoio do QXT. **Roselene | PwC**

A INTERLOCUÇÃO COM O PROJETO QUIXOTE

Era uma responsabilidade muito grande cuidar desse jovem em início de carreira. O cuidado que precisávamos ter para não frustrar suas expectativas e as de sua família era imenso, além das expectativas da própria equipe da PwC. Para dar conta dessas situações contei com o pessoal do QXT, que me passou as informações e me deixou mais tranquilo. Eles traziam informações assim: "Olha, esse grupo tem problemas nesse sentido", ou "esse jovem que está vindo para seu departamento se destacou em determinada atividade". Sem contar que, durante as reuniões trimestrais do projeto, relatávamos o desenvolvimento desse jovem e compartilhávamos também as dificuldades ao longo do processo. Com essas informações, conseguimos direcionar o trabalho do jovem no nosso departamento. Era um processo muito interessante de trabalho, pois te dava respaldo para atuar. **Rodrigo | PwC**

EDUCAÇÃO FINANCEIRA

Educação financeira também era um problema dentro do projeto. Você via que o jovem no final do mês ficava apertado para pagar o almoço, pois alguns vendiam o tíquete de alimentação para pegar um dinheirinho a mais. Eles acabavam comprando tênis, celular. Eram destaques na comunidade onde moravam porque trabalhavam aqui. Não era um salário alto, mas trabalhavam em uma grande empresa, tinham os benefícios... Alguns acabavam perdendo a bolsa da faculdade por causa dessa desorganização financeira. A PwC contribuía com até 80% da bolsa parcial para a faculdade, mas alguns acabavam não conseguindo pagar o restante porque se endividavam muito. Era momentâneo, mas eles passavam por essa dificuldade, que também era abordada pela equipe do QXT. **Rodrigo | PwC**

O Projeto Quixote é uma organização de atuação complexa. Sua equipe multidisciplinar é capaz de considerar, ao mesmo tempo, questões subjetivas e práticas, informações do universo de cada um e da sociedade como um todo, a hora de acolher e a hora de impulsionar para o mundo. Assim sendo, aborda o problema das crianças e adolescentes em situação de risco social tanto diretamente quanto a partir do contato com suas famílias.

Capítulo 4

Família: o outro lado da moeda

O trabalho com as famílias é um dos pilares da atuação do QXT, que se propõe a auxiliá-las em sua reorganização. Um dos maiores desafios envolve aquelas com filhos que se tornaram, na terminologia do QXT, "refugiados urbanos" – ou seja, optaram por viver nas ruas. Com o movimento de "rematriamento", busca-se de alguma forma resgatar a capacidade de uma família constituir-se como um espaço de proteção, afeto, aprendizagem e socialização primárias para seus filhos, de forma a recebê-los e conseguir mantê-los no ambiente familiar.

Esse trabalho é feito no âmbito de dois programas do QXT: "Refugiados Urbanos" e "Atenção à Família", cujas metodologias e experiências são objeto de outras publicações do Projeto Quixote[1]. Para a compreensão do tema deste capítulo, basta dizer que, além de estimular os laços de proteção e afeto, o programa "Atenção à Família" procura conscientizar os familiares das crianças e dos adolescentes atendidos no QXT quanto às suas condições de vida, responsabilidades, capacidades, possibilidades de mudança e formas de exercer a cidadania. No caso do projeto de

[1] Crianças em situação de risco social: limites e necessidades dos profissionais de saúde (vols. I e II) e Mundo da família – Conceitos e manejos do atendimento.

inclusão social Escritório Escola, que na estrutura do QXT pertence ao programa de Educação para o Mundo do Trabalho, a interlocução com as famílias continua a acontecer, mas sob outro enfoque.

Quando um adolescente que participa do QXT entra no projeto de inclusão social Escritório Escola, ele já passou por um longo processo e encontra-se em condições de enfrentar as demandas de uma primeira experiência no mundo do trabalho. Quanto às famílias desses jovens, há desde as que atravessam grandes dificuldades até aquelas bem organizadas e atentas aos seus membros. Algumas buscam no QXT um meio de fortalecer seus filhos, inserindo-os num ambiente criativo e repleto de estímulos, o que atua como prevenção contra as tentações do ambiente, as drogas, sua sociabilidade e seu dinheiro fácil.

Para os profissionais do QXT, as famílias têm um papel fundamental no projeto de inclusão social Escritório Escola. No caso das que se encontram em dificuldades, trata-se de uma oportunidade de resgate do papel de apoio e estímulo para o filho que experimenta o seu primeiro emprego formal. Isso envolve o enfrentamento de situações delicadas, como o mal-estar causado nos demais por ter um elemento da família com mais "sorte". Pequenos boicotes podem acontecer, como também a culpabilização daquele que tem oportunidades que outros não tiveram. Há também os casos em que os pais não acreditam nas chances do filho e acabam por desestimulá-lo, temendo que saia decepcionado da experiência. Tudo isso é abordado pelo QXT em seus atendimentos aos jovens e seus familiares.

No caso das famílias que já exercem o papel de apoiar o desenvolvimento de seus filhos – inclusive tomando a iniciativa de levá-los ao QXT –, elas contribuem ativamente como multiplicadoras do projeto na comunidade, colaborando para o sucesso da experiência do seu filho e do projeto como um todo. O exemplo do jovem na comunidade em que vive, as transformações vivenciadas por ele em sua rotina, em sua sociabilidade e em suas metas, tudo isso acaba por ter efeito multiplicador, especialmente se sua família participa ativamente do processo e demonstra satisfação e orgulho pelas conquistas alcançadas.

Além disso, os próprios membros da família também estão sujeitos a sofrerem transformações. Uma delas diz respeito ao conceito de trabalho, que ganha uma amplitude maior que o de simples "ganha-pão". Se para os pais de determinado jovem trabalhar sempre foi apenas lutar para suprir necessidades, para seu filho o emprego já começa a ser percebido como algo que envolve um objetivo a ser alcançado e que pode gerar efeitos na sociedade. O trabalho, assim como o estudo a ele vinculado, começa a ser compreendido pelo jovem em experiência na empresa como caminho para o aprimoramento pessoal.

Para expressar um pouco do que significa ter um filho ou uma filha envolvido no programa de inclusão social Escritório Escola, contamos com duas vozes: a de Creuza Firmiana de Souza, mãe de Marcos, e a de Erivan Silva Gomes, pai de Edvânia, jovens que continuaram na PwC após a experiência. Em ambos os casos, os familiares tanto estimularam os filhos para seu sucesso quanto colaboraram com o QXT para a multiplicação da experiência na comunidade.

A história de vida de Creuza dava um longa-metragem: de sua saída do norte de Minas, onde havia sido internada em um orfanato após a morte da mãe, até sua chegada na Estação da Luz nos anos 1970, sozinha carregando três filhos, onde passou dezoito noites à espera de um irmão que não via desde a infância, o que ouvimos é algo impactante. Hoje Creuza Firmiana, 61 anos de vida, casada há 34 anos, avó de muitos netos e uma bisneta, atua como líder comunitária na Associação Mãos Unidas, onde vive. Ela sempre recorre à sua própria experiência de vida para estimular os filhos e outros membros da comunidade a enfrentarem grandes desafios, como o programa Escritório Escola. Afinal, para quem chegou em condições de miséria em São Paulo e conseguiu alavancar a família, vendo seus filhos hoje empregados e com a vida organizada, tudo é possível.

De grandes deslocamentos também é feita a história de Erivan, alagoano que aos 20 anos de idade resolveu encarar São Paulo em busca de oportunidades de trabalho, como tantos outros. Ele começou a vida no Campo Limpo, na casa de uma tia. Conseguiu formar-se metalúrgico e construir uma família: casado e pai de dois filhos, Edivânia, 20 anos, e Franklin, 17, é um pai dedicado que acompanha cada passo de seus rebentos, contribuindo para o desenvolvimento de ambos. Aos 43 anos, Erivan encontra-se desempregado em sua área de origem, mantendo-se atualmente como profissional autônomo.

FAMÍLIAS EM ESTADO DE ABANDONO

Ao trabalharmos com crianças e adolescentes em situação de risco, acreditamos que suas famílias também devem ser incluídas nos atendimentos e nos demais mecanismos de inserção social (escola, lazer, capacitação profissional, grupos de pais, entre outros), pois não só a criança ou o adolescente mas também a família como um todo está abandonada em vários aspectos, e todos necessitam de um apoio para resgatar seus saberes. **Equipe de Atenção à Família | QXT**

A HISTÓRIA DE UM PAI

Estou há 23 anos em São Paulo. Vim por opção, São Paulo é o sonho do nordestino. Graças a Deus, deu certo. Vim morar com minha tia na região do Campo Limpo. Se não fosse por ela, talvez eu não tivesse conseguido tudo o que consegui. Ela me ajudou muito e teve muita calma e paciência, pois na época era muito perigoso, se matava muita gente. Toda a cidade de São Paulo há 25 anos era bastante violenta. Depois deu uma melhorada. Eu nunca me envolvi com essas histórias do crime. Nunca bebi, nunca fumei, nunca joguei. Meu único vício sempre foi esporte de forma geral. Nunca tive problema com polícia nem passei dificuldade, mas sofri muito durante a adaptação. Os dois problemas eram o frio e a violência. Para mim foi um choque. Era difícil sair para trabalhar e ver corpos estendidos na calçada. O lugar era muito violento. **Erivan Silva Gomes | Familiares**

A HISTÓRIA DE UMA MÃE

Gosto muito do contato com gente jovem. Às vezes sento debaixo de uma árvore e começo a contar a minha vida, o meu passado, da morte da minha mãe até minha vinda para São Paulo. Começo a contar da rua em que morei, debaixo do viaduto. Do tempo que passei na Estação da Luz, quando tive que pedir comida nos restaurantes para matar a fome dos meus filhos e a minha. De noite eu não dormia, ficava vigiando para ninguém roubar meus filhos. Então reúno as moças à minha volta e conto um pouco da minha experiência de vida. Vivi toda a experiência do mundo, de sofrimento e de alegria. Não tenho nenhuma riqueza material, mas a minha riqueza são meus filhos, netos e bisnetos. São as minhas joias, os milhões que eu tenho. Sou uma mulher muito feliz. **Creuza Firmiana | Familiares**

A FAMÍLIA SEGUNDO A PERSPECTIVA SISTÊMICA

A perspectiva sistêmica nos possibilita acreditar que toda e qualquer modificação em um dos componentes do grupo afetará necessariamente os demais e o sistema como um todo. Consequentemente, essa mudança atingirá o sistema familiar de cada um dos membros do grupo. Ela poderá ser duradoura, pois cada membro da família que muda continua a provocar uma mudança sincrônica no outro. **Equipe de Atenção à Família | QXT**

A GRANDE ÁRVORE

O Projeto Quixote para mim é como se fosse um pai e uma mãe adotivos, que têm uma contribuição bastante importante na educação dos nossos filhos. Ele nos ajuda a educar, porque o que a gente não consegue mostrar dentro de casa, consegue mostrar no projeto. Para mim, foi como se Deus pegasse uma semente e jogasse dentro do coração do fundador do QXT, e essa semente veio a germinar e se tornou uma árvore que começou a florescer e dar frutos. E os frutos são o agrupamento de pessoas que estão nesse projeto. Acredito que essa árvore não vai parar de dar frutos. **Erivan Silva Gomes | Familiares**

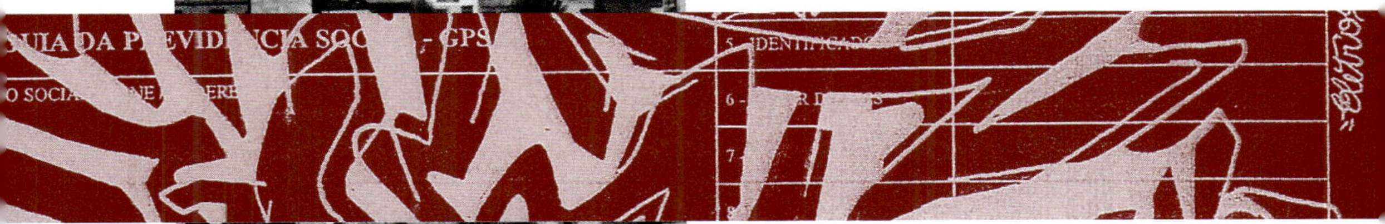

O IMPACTO NA COMUNIDADE # 1

Sou vice-presidente da Associação dos Moradores da Comunidade Mãos Unidas, onde vivo há mais de 30 anos e sou muito respeitada. Gosto muito do contato com gente, com povo, gosto de andar pela comunidade. Conheço várias comunidades, várias! A nossa comunidade mudou muito. Hoje não tem mais nenhum barraco de tábua, é só alvenaria mesmo. Esgoto, água, documentos, tudo a gente tem. E a chegada do meu filho Marcos de terno e gravata nessa comunidade – ele ainda não era casado, era um adolescente – foi um incentivo para os outros adolescentes que não queriam frequentar o QXT, que queriam ficar sem fazer nada. A partir daí, muitos jovens da comunidade foram para o QXT. Ver o Marcos chegar do trabalho foi um grande incentivo para todos eles. **Creuza Firmiana | Familiares**

RELAÇÃO COM O PROJETO QUIXOTE

Com tanta coisa estranha por aí, eu e minha esposa sempre olhamos com certa desconfiança quando alguém vinha nos falar de projeto social. Mas depois percebemos que era uma grande oportunidade para nossos filhos. Na reunião com os pais sempre estivemos presentes, não faltamos a nenhuma. Ia com muita alegria, não foi fardo algum, gosto de ir ao Projeto Quixote até hoje e faço o que for preciso para estar lá. Nas reuniões todo mundo participa, eles fazem questão de ouvir os filhos e os pais, e isso contribui para melhorar a relação familiar. Na verdade, eles querem ver a harmonia no lar das pessoas. Nós como família somos uma pequena sociedade. Se o filho é bem educado, tem harmonia no lar, tem a possibilidade de, quando sair, ser feliz e contribuir para a felicidade de outras pessoas. Eles trabalham bastante nesse sentido. **Erivan Silva Gomes | Familiares**

O IMPACTO NA COMUNIDADE # 2

"Na nossa comunidade a gente costuma fazer reunião, reunir o pessoal das vielas para conversar sobre os problemas. Procuramos falar tudo o que for preciso nessa reunião. Fala pra um e serve pra todos. Mas tem mãe que às vezes quer conversar comigo: 'Ah, meu filho não quer estudar'. Às vezes chamo a criança para conversar. Começo a conversar brincando e depois vou falando sério: 'A sua mãe mandou, você tem que obedecer'. E dou o exemplo do meu filho: 'Olha, amanhã você vai ser alguém na vida. Você está vendo o meu filho? O meu filho também não queria ir pra escola. Agora ele chega todo engravatado, todo bonitão... Mas por quê? Porque ele me ouviu, então você precisa ouvir sua mãe também. Amanhã você pode ir pro Projeto Quixote e você vai estar lá onde meu filho está, trabalhando.'" **Creuza Firmiana | Familiar**

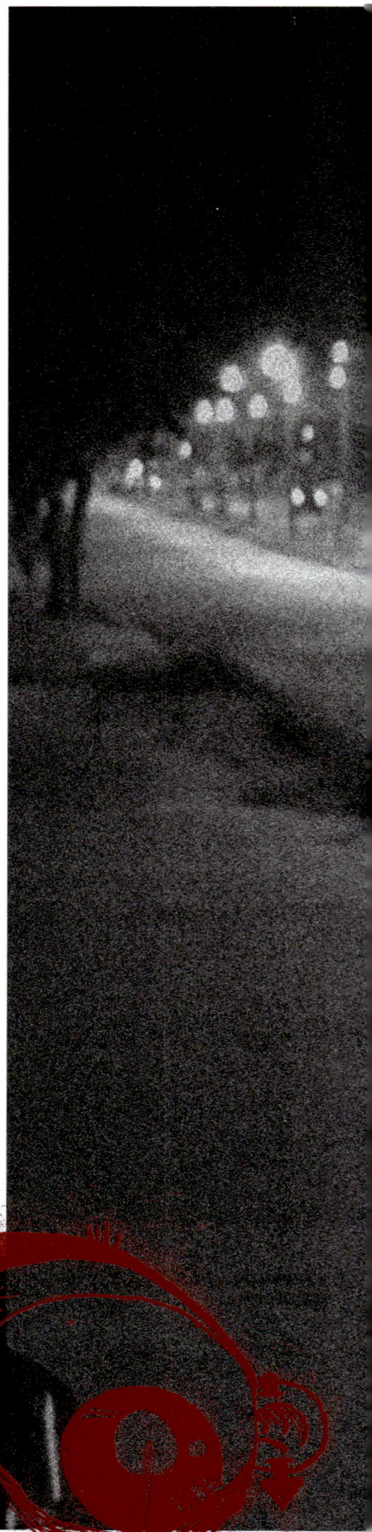

ESTRUTURA FAMILIAR E EDUCAÇÃO FINANCEIRA

A gente aconselha nossos filhos a economizarem ao máximo seu dinheiro, pois não há necessidade de colocarem nada dentro de casa. Trabalho como autônomo, mexo com manutenção predial e reforma de construção, e minha mulher, Gilvana, é diarista. Minha filha paga a faculdade e está fazendo uma reserva. Infelizmente, nem todos os jovens que participam do programa têm as mesmas condições, pois precisam ajudar em casa e ficam sem poder estudar. Edivânia e Franklin passaram a conhecer outras realidades mais duras que as deles e aprenderam a valorizar mais o que possuem e aproveitar mais as oportunidades que têm. Ficaram mais responsáveis. **Erivan Silva Gomes | Familiares**

O TRABALHO DO PROJETO QUIXOTE

Achei a equipe muito prestativa, com uma preocupação muito grande com o futuro de cada jovem que passa por lá. Eles tentam lançar uma semente no coração de cada jovem. E a semente, antes de aparecer para fora na terra, cria raízes, ganha profundidade. Eles tentam alicerçar os pés de cada jovem no chão. Caso ocorra alguma decepção na empresa, eles não desistirão de seus sonhos, de seus projetos. Percebi que sua intenção é que o jovem seja um profissional futuramente. Não só profissional, mas que dali saia um empresário. A gente fica até um pouco triste ao ver que muitas pessoas que passam por lá acabam voltando para a vida que tinham antes, mexendo com tráfico. Sentimos que o pessoal do Quixote quer transformar todos em profissionais. **Erivan Silva Gomes | Familiares**

Capítulo 5

Desafios, descobertas, transformações

Um projeto como o de inclusão social Escritório Escola lida com situações de grande complexidade. O encontro dos rapazes e moças que passaram pelo QXT com as chefias da PwC às vezes gerou certa fricção que desafiava a todos. O desafio, por sua vez, promovia movimentos e descobertas. Por exemplo, uma participante não imaginava o quanto de força guardava dentro de si, o quanto seria capaz de mudar a si mesma. Outra entrou em contato com um nível de dificuldades distante da sua vivência e ampliou sua visão de mundo. Um familiar passou a perceber o Projeto Quixote sob outros ângulos, compreendendo o quanto a frequência do jovem naquele espaço podia ser produtiva, enquanto um *coach* enfrentou o desafio de fazer algo pouco solicitado no mundo das grandes corporações: doar-se. Este capítulo reúne relatos dos participantes sobre os desafios, as descobertas e as transformações vivenciados durante o projeto.

TRANSFORMAÇÃO

Eu diria que mudança esperada é uma evolução. “Transformação” é como se você pegasse algo com alguma forma, alguma função, e achasse outra bem diferente. Eu acho que essa palavra ilustra bem o que a gente busca aqui. A transformação, vamos usar a figura da matemática, não é um jogo de soma, e sim de multiplicação. Aquela habilidade que a pessoa traz se multiplica várias vezes. Gosto dessa palavra por causa disso: é bem a cara do Projeto Quixote. **Wander | PwC**

SUPERAÇÃO

Acho que fui surpreendida por mim mesma. Não imaginava que conseguiria chegar até aqui. Trabalhei de quatro a cinco anos da minha vida no Brás, de vendedora, então para mim só existia aquele mundinho ali, não tinha nada além. Estar aqui hoje é um orgulho, uma superação, eu me sinto muito bem por saber que fui capaz de chegar até aqui e que posso ir mais além. Só depende de mim, do meu esforço, do meu interesse. Gosto muito dessa sensação de alívio, de satisfação, é muito bom. Sinto-me bem comigo mesma, o que é o mais importante. Sinto-me também muito vivida para alguém com 18 anos de idade, é meio que surpreendente! **Ilzenir | Jovem participante**

PROJETO

A oficina do Projeto Quixote que prepara para o mercado de trabalho contempla várias etapas: quem você é, qual o seu sonho, o que você gostaria de ser, enfim, todas aquelas perguntas do tipo "o que você quer ser quando crescer". Na verdade, a gente desconstrói um pouco isso, pois, para chegar a algum lugar, existem alguns passos. Então, fazemos um projetinho de vida: o que você consegue fazer em uma semana, em um mês, em dois meses... até terminar quando o jovem está trabalhando. Daí em diante, passamos a pensar um período mais extenso. Na vida deles, cada dia é um dia, e um mês é muito tempo; muita coisa pode mudar. **Roberto | QXT**

CRESCIMENTO

Para mim não foi um desafio, mas um aprendizado, principalmente para minha vida pessoal. Eu também mergulhei em outro mundo. Uma vez uma das meninas me contou que na comunidade onde morava ela não podia colocar roupa curta e decotada porque, se os traficantes se engraçassem para o lado delas, as mulheres dos traficantes ficavam furiosas: batiam nas meninas, jogavam ácido no rosto, um horror. E também tinha a questão de horário: dependendo da hora que ela chegasse, o pai precisava buscá-la fora da vila porque era perigoso andar sozinha pelas ruas. Outra vez ela me disse que queria tirar os pais daquele lugar, ir para um apartamento, mas o problema é que precisariam pagar contas de água e luz. São informações às quais não temos muito acesso. Minha infância era pobre, mas tínhamos nossa casa, não tínhamos ligações clandestinas de água e luz, era tudo nos conformes. Ou seja, uma realidade muito diferente da nossa. Além disso, com certeza eu também me transformei com as experiências: a gente se doa muito, mas também recebe muito em troca. É muito gratificante ver que o jovem que nos foi confiado cresceu e se modificou com nossa contribuição. **Roselene | PwC**

DESAFIO

O nosso maior desafio é conseguir prepará-los para o mercado de trabalho e depois ter a alegria de vê-los bem encaminhados, como foi o caso do Manassés. Por nossa indicação, ele participou de um processo de seleção em um escritório de advocacia e foi efetivado. Fiquei muito contente por isso, pois ele foi para o mercado de trabalho como todo mundo e acabou conseguindo a vaga. O desafio é esse. Outro ponto positivo do projeto, em minha opinião, é que a chegada desses jovens oxigena o departamento. Eles sempre trazem algo novo, principalmente em relação à internet. Você troca conhecimento. Eles trazem uma motivação que te leva a querer saber também. **Rodrigo | PwC**

ENTENDIMENTO

Eu vim realmente a saber o que era o QXT quando comecei a frequentar as reuniões. A primeira coisa que mudou foi meu ponto de vista. Nas reuniões com os pais comecei a ver a estatura do ambiente, as pessoas que estavam ali para orientar nossos filhos. Nós, que temos filhos que passaram por lá, acabamos contribuindo também, fazendo com que as outras pessoas vissem o projeto de forma positiva. Uma vez estava falando do QXT para uma pessoa e essa pessoa disse: "mas o Quixote só trabalha com gente drogada". Eu rebati, expliquei que não é bem assim. Dei o exemplo dos meus filhos: "meus dois filhos passaram por lá, meu filho ainda está lá, minha filha ingressou no mercado de trabalho por causa do Projeto Quixote". Então as pessoas passam a ter um ponto de vista diferente. Eu também mudei o meu ponto de vista. **Erivan | Familiares**

INCENTIVO

Em relação à comunidade Mãos Unidas, a entrada do Marco no projeto não foi um impacto, e sim um incentivo. Ele foi um dos primeiros encaminhados pelo Projeto Quixote. A chegada dele de terno e gravata na comunidade – ele ainda não era casado, era um adolescente – foi um grande incentivo para outros adolescentes. Muitos jovens da comunidade foram para o QXT. **Creuza | Familiares**

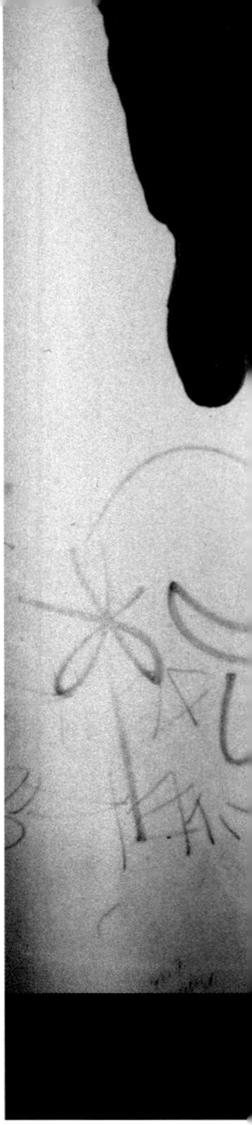

DESEJO

Tive algumas passagens pela Febem por pichação e droga. E durante uma dessas passagens fui encaminhado ao Projeto Quixote como medida socioeducativa. Comecei a frequentar as oficinas de grafite e break. Aconteceu comigo o que tento provocar nos jovens durante as oficinas que ministro, que foi uma mudança no olhar: enxergar as coisas de outra maneira, se desafiar. Comecei a querer conquistar outras coisas. **Bruno | Jovem participante**

APRENDIZADO

Nas primeiras experiências aconteceu uma situação que causou uma perplexidade enorme: mais de 50% dos participantes estavam com namoradas grávidas, que engravidaram depois que eles começaram no projeto. O QXT foi a campo a pedido nosso, e a conclusão foi que nossos meninos se tornavam, na linguagem comercial, *target* nos lugares onde moravam. Quer dizer, eles eram garotos com emprego, bem vestidos; os modos deles mudaram de alguma maneira; a perspectiva de futuro deles mudava, e as jovens os olhavam como "bons partidos". Passavam a engravidar como uma âncora para usufruir daquela perspectiva futura. Partimos para um trabalho de enfoque da sexualidade e precauções e conseguimos, a partir da terceira turma, redirecionar isso. Essa experiência nos ensinou que a questão era muito mais complexa que inserir alguém no mundo do trabalho. Havia todo um ambiente que precisava ser tratado. Apesar de o QXT já tratar a família, esse elemento da sexualidade precisou ser reforçado. Isso para mim foi marcante. **Wander | PwC**

ACEITAÇÃO

Mudei muito, reconheço que mudei em geral. Eu era muito marrenta, daquele tipo que não leva desaforo pra casa. Em relação à experiência de que dependemos uns dos outros, eu não gostava muito disso. Também não me dava muito bem com esse negócio de que "você precisa fazer isso pra chegar naquilo". Foi o trabalho na PwC que me mostrou ser assim mesmo, eu dependo de outras pessoas e outras pessoas dependem de mim. Então foi muito bom reconhecer isso. Queria ser uma pessoa independente, mas não tinha condições para isso acontecer. **Ilzenir | Jovem participante**

MUDANÇAS

O Marco mudou completamente. Chegava em casa feliz, tomava um banho rápido e já corria para a escola. Sempre muito empolgado: ele se empolgou completamente. O jeito de ser dele também mudou muito. Parece que a educação dobrou e ele ficou uma pessoa mais calma. Ele mudou bastante, e para melhor. **Creuza | Familiares**

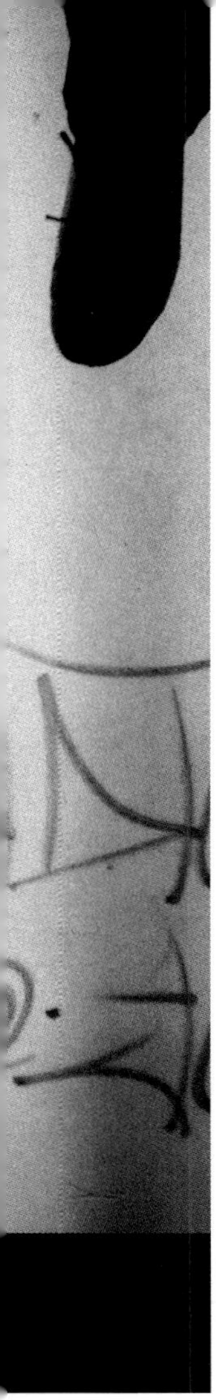

DISCIPLINA

O ambiente de trabalho era algo novo. Lidar com documentos em ordem, em sequência, procurar cheques pela numeração, isso tudo era muito novo para mim. E hoje consigo perceber como aquilo foi importante para desenvolver um costume de organização. Hoje, por exemplo, eu arrumo minhas gravuras em série, separando-as pelas dimensões – 1 x 100, 2 x 100 –, coloco as gravuras da mesma forma que organizava os cheques. É uma disciplina de manusear papéis: hoje eu olho um documento e sei do que se trata. E isso é importante, você é facilmente manipulável por não ter essa noção. Foram coisas simples que me ajudaram bastante. **Bruno | Jovem participante**

DOAÇÃO

Vários educadores começam a se questionar muito. O primeiro questionamento que costuma surgir da experiência é o seguinte: "será que os mesmos argumentos, as mesmas formas de treinar o meu pessoal vão servir para essa garotada?" Eles percebem que não. É preciso pegar e fazer junto com eles, ou seja: você tem que se doar mais. E o nosso pessoal, principalmente quem se encontra em cargo de chefia, não está acostumado a se doar muito. Eu acho que esse é um grande aprendizado: o chefe é um servidor, e a gente conseguiu passar isso. Eles viram que não era para mandar: era para influenciar. Para isso era preciso desenvolver empatia com essa garotada. E a empatia é uma atividade de se doar. Esse é o sentido transformador. Os melhores educadores corporativos percebem que, com o jovem do Projeto Quixote, aplicar a autoridade pura e simplesmente não adianta, porque ele está ali por ter questionado a autoridade – do pai, da mãe, do cara da Febem, do cara do QXT, do chefe do tráfico. Então, o caminho é desenvolver a empatia a partir da doação. E isso exige uma grande transformação. **Wander | PwC**

TRAVESSIAS

A PwC é um mundo a que o público do QXT não tem acesso – ou tem acesso apenas pela TV. São modelos de família, de sociedade, de pensamento completamente diferentes dos deles. Muitas das famílias que frequentam o QXT, se um dia tivessem contato com aquele mundo, seria como a empregada doméstica da casa de alguém, a babá, o manobrista... Ou alguém do restaurante que as pessoas da PwC frequentam. Ao apresentar o jovem a este mundo, temos o cuidado de avaliar se ele realmente está pronto e tem recursos para sustentar sua entrada... que é muito difícil! Até o próprio ambiente físico já barra, já intimida. Numa visita familiar, encontramos uma vez camas em que o colchão é um pedaço de espuma, por exemplo. Imagine um jovem que mora nessa casa encarando um espaço como aquele da PwC, com elevadores, câmeras, recepcionistas, regras, crachás... é um mundo completamente diferente. A PwC é mais acolhedora que assistencialista, não trata ninguém como coitadinho. A gente vê a empresa como possibilidade de participação nesse mundo. **Roberto | QXT**

RENASCIMENTO

Quem é Jéssica hoje? Jéssica é uma jovem bem encaminhada na carreira, que já teve algumas promoções na PwC. É bem avaliada pelos chefes, que gostam muito do trabalho dela. Ela tem uma posição importante no cliente. Se sair da PwC vai conseguir emprego fácil, pois é competente e a área em que trabalha está aquecida. Além disso, está mais madura, sofisticada. É outra pessoa. **Roselene | PwC**

ENCONTRO

Com certeza o projeto de inclusão social Escritório Escola representou um encontro importante para mim. Por meio dele eu consigo realizar um trabalho social, mudar a realidade de um jovem com o suporte da firma. A firma prega muito a responsabilidade social, e consegue fazer isso. Tudo bem que não seja um número muito alto – são dez, doze jovens por ano. Mas o projeto faz toda a diferença e é muito importante para esses jovens e suas famílias mudarem de patamar social. É fantástico nesse sentido. **Rodrigo | PwC**

DESLOCAMENTOS

O primeiro desafio para minha filha foi a distância, a gente mora muito distante da Barra Funda. A locomoção acaba sendo difícil, desgastante. As opções são pegar um ônibus, descer na estação de Santa Cruz, pegar o metrô, fazer a baldeação na Sé e seguir em direção à Barra Funda, deslocamento que exige no mínimo duas horas, podendo chegar a três. A outra opção é pegar o trem até a Barra Funda e, de lá, pegar a van que transporta o pessoal da PwC. Edivânia precisava acordar às 4h30 para chegar às 7h45, sobrando muito pouco tempo para dormir, pois ela chega em casa à meia-noite, meia-noite e meia, depois da faculdade. Ela dormia três horas. Agora, trabalhando no cliente em Santo Amaro, ela ganhou uma hora de sono a mais, e isso ajudou bastante. É bem mais perto. **Erivan | Familiares**

ESTÍMULO

Para mim, enquanto educador, é interessante ver uma pessoa que tinha tudo para seguir outro caminho, reproduzir muitas histórias que você vê pela mídia ou que vemos chegando no QXT, com vontade de mudar. Isso nos estimula a ajudar. Vivemos uma situação em que há reciprocidade, pois surge alguém que quer ser ajudado. No QXT a gente aposta muito nisso. No caso da Ilzenir, ela foi uma pessoa que realmente agarrou tudo: era assídua, participava de todas as atividades, das que gostava e das que não gostava. Ela construiu uma história junto com o QXT e hoje é referência para outros jovens que se encontram em situações semelhantes, o que nos leva a pensar num Projeto Quixote maior. A história dela prova que se alguém realmente estiver a fim de tentar uma mudança, por mais difícil que seja, pode conseguir. Se tiver uma boa oportunidade, pode mudar muito. No caso da Ilzenir, a PwC proporcionou esse momento de mudança. Realmente surgiu outra Ilzenir. **Roberto | QXT**

TRAJETÓRIA

QXT e PwC proporcionaram uma trajetória muito grande na minha vida, uma experiência que não sei se acharia em outro lugar. Experiência de superação, dedicação. Eu me sinto hoje... superada. Eu me superei mesmo. É muito bom. Quando eu olho para trás, vou fazendo uma listinha: "quando eu entrei, eu era assim... aprendi isso, isso e isso, e hoje estou assim. Melhor assim, e daqui pra frente, vou ter isso, isso e isso". Agora eu preciso pensar a partir do presente, sabe? Esquecer um pouquinho. Não dá para colocar uma pedra, mas é preciso esquecer e aprender com as experiências. Se eu me superei uma vez, posso me superar duas, três, e assim por diante. Dizem que a tendência é piorar: não! Minha tendência tem que ser melhorar. É isso! **Ilzenir | Jovem participante**

Capítulo 6

O trabalho de cada um

DESEJO

Lembrei de uma frase que minhas colegas passaram para mim que diz assim: "escolha uma profissão na qual você jamais tenha que trabalhar um dia sequer". Quer dizer, na verdade o importante é gostar daquilo que você está fazendo, gostar do seu trabalho, sabe? Eu não esqueço essa frase, não quero esquecer. Foi muito impactante, gostei muito! É o interesse pela sua função que te leva a pensar um pouquinho além do que você faz. Força de vontade, é claro. Sempre. Em relação a trabalho e a tudo, na verdade. O desejo tem que vir de você. Tem que surgir o desejo de crescer profissionalmente. **Ilzenir | Jovem participante**

OPORTUNIDADES

Muitas vezes o jovem não quer trabalhar numa rede de *fast-food*. Por que não? Porque trabalha fim de semana, e jovem no fim de semana quer ir pra balada, participar das rodas dos amigos, das festas. E a rede *fast-food* paga um salário mínimo. Às vezes a necessidade econômica faz com que ele entre no tráfico ou na prostituição porque é um dinheiro "fácil". Fácil de conseguir, porque faz parte do circuito da periferia: casa de prostituição ou venda de drogas na esquina da favela. Então eles se arriscam. A necessidade econômica faz muitas coisas. Ou ir para uma rede de *fast-food* – se realmente tiver muito apertada a situação familiar, ele vai; com baixa escolaridade, pouca idade e pouca ou nenhuma experiência, ele tem que assumir o primeiro emprego, e tem que ser o que aparece. De forma ilegal, às vezes, e se for de forma legal, em geral é a rede *fast-food*. Não a PwC. Dificilmente seria a PwC. **Roberto | QXT**

CRISE

Meu primeiro emprego foi numa rede de *fast-food*. Lá trabalhei um ano, mas sempre frequentando o Projeto Quixote e entrando em crise existencial não por ser o *fast-food*, mas por não poder suprir minhas necessidades. Aquele trabalho não era o complemento de mim. O grafite, isso sim, fazia parte. Eu sempre quis fazer aquilo que eu gosto. Naquele emprego eu era atendente, fritava hambúrguer, limpava as mesas, limpava banheiro. Ficava chateadão. O salário não era essas coisas e eu fazia uma coisa nada a ver comigo. Entrei numa *bad*. Mas ali era trabalho, eu ajudava em casa, tinha minha grana. Uma coisa que eu sempre quis foi trabalhar. Por qualquer assistente social que eu passava, dizia que eu só precisava de um emprego. Mas nesse um ano de *fast-food*, sempre dava um jeito de escapulir para o QXT. Eu era o lerdo da turma no trabalho, era motivo de chacota porque não estava ali de nenhum jeito. Para mim aquilo era um suplício. Tem lugar em que você não entra, não te cabe mesmo. Era visível. **Bruno | Jovem participante**

DIGNIDADE

Trabalho para mim é sinônimo de dignidade, de identidade, é ter um objetivo na vida. Acho que, independente de ser trabalho profissional ou voluntário, você precisa ser útil de alguma forma, pois assim está retornando para a sociedade o que ela te oferece. Se você não está no mercado de trabalho, mas é mãe, por exemplo, tem sua missão: educar os filhos. E isso, ser mãe, não deixa de ser um trabalho, que, aliás, é muito pesado e pouco reconhecido. Tudo é uma questão de escolha e definição de objetivos. E principalmente de executar sua escolha com amor e dedicação. **Roselene | PwC**

REALIZAÇÃO

Trabalho é uma forma de realização pessoal e profissional em relação ao que você estudou, ao que gosta e ao que acredita. É também uma forma de contribuir para a empresa e para o mundo. **Rodrigo | PwC**

ESSENCIAL

Trabalho é uma necessidade de todo ser humano. Tem pessoas que dizem que se soubessem quem inventou o trabalho, mataria. Mas, segundo a Bíblia, Deus criou o homem e determinou para ele algumas normas. Então o trabalho faz parte da vida humana. Eu acredito que é essencial para todos não só do ponto de vista financeiro: algumas pessoas trabalham para prestar uma obra para outros. O trabalho abrange muitas áreas na vida do ser humano, independentemente do salário. Quem pensa só no dinheiro pode se frustrar, partir para outra área achando que vai ser boa, mas não vai. Muitas das vezes a pessoa não quer trabalhar porque é serviço pesado e acha que existem outros meios de ganhar dinheiro fácil, mas é um engano, pois a pessoa pode ter a vida ceifada numa dessas. É melhor conseguir as coisas honestamente. Eu comecei a trabalhar muito cedo, com sete anos, ajudando meu pai na padaria. E tudo que tenho veio do trabalho. **Erivan | Familiares**

RESPONSABILIDADE

O trabalho para mim é uma boa coisa, e uma responsabilidade. No meu pensamento, acho que todo mundo tem que trabalhar, tem que ter um serviço, tem que ter uma responsabilidade. Porque se eu não trabalho, vou fazer o quê? Vou inventar moda, vou inventar coisa que não presta. Eu trabalho porque preciso e porque quero ganhar o meu dinheiro suado. Porque sem trabalho a gente não *veve*, e sem dinheiro também não. E o dinheiro suado é muito gostoso, ganhar esse dinheiro suado. Já na Associação, eu faço porque gosto de ajudar a melhorar a vida na comunidade. **Creuza | Familiares**

SOBREVIVÊNCIA E REALIZAÇÃO

Trabalho, num conceito geral, é encarado como sobrevivência. Num conceito mais restrito, é ter um ganha-pão, uma remuneração, uma atividade em que você aplique suas habilidades. Você empresta para a sociedade, para a comunidade, a sua habilidade, a sua capacidade de gerar alguma coisa, e a comunidade – através de empresas, ou de ONGs, ou do governo – dá uma contraprestação para essa habilidade que você está colocando a serviço da comunidade, e isso te possibilita a sobrevivência. Agora, num sentido mais amplo, acho que o trabalho transcende essa questão da sobrevivência, da remuneração e tal. Eu acredito que as pessoas precisam ter uma ocupação – em todos os sentidos, quer dizer: não só trabalhar com as mãos ou com o cérebro, mas dedicar-se a alguma coisa – a alguma atividade que lhes dê prazer, que lhes dê o sustento, naturalmente, mas com que elas possam se realizar e aplicar o seu potencial. Para fazer um resumo, eu diria que: sobrevivência sim, porque é o trabalho que nos garante o ganha-pão, mas também aplicação de todo o nosso potencial – o que nos traz outro tipo de retribuição além do salário, que é sentir que estamos sendo úteis ao usarmos o nosso potencial. **Wander | PwC**

EXPRESSÃO

É como se fosse a extensão do meu braço, a concretização do meu espírito, algo que eu esteja a fim, e que eu acredite que possa significar algo maior para mim e para os outros. Tenho que estar legal e ser legal para os outros. Eu penso nisso bastante nos meus trabalhos de arte, essa questão: "para quê serve?", "o que eu estou fazendo?" Penso bastante nisso. **Bruno | Jovem participante**

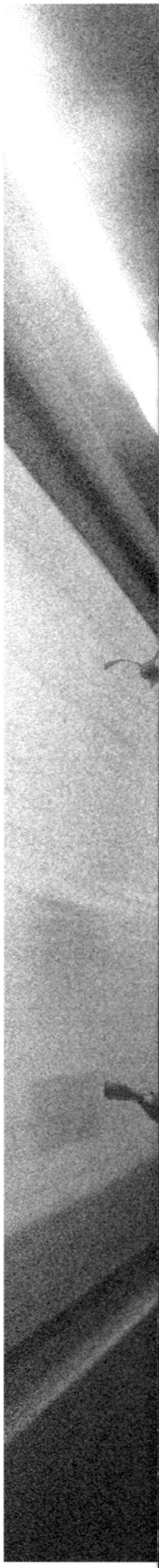

WORKLOVERS

Tem jovens que abraçavam a PwC como uma extensão da vida deles. Como muitos de nós também fazemos quando trabalhamos: somos *worklovers*, apaixonados pelo trabalho. Então, alguns são realmente apaixonados. Pode ser uma estratégia da empresa, da PwC, ou de outras empresas que estimulam isso. Tem aquela coisa da participação, "eu me sinto responsável pelo todo". Então eles queriam ir, faziam questão. Tem jovem que queria ficar depois do expediente, mas dizíamos que não podia. A chefia estava junto com a gente neste sentido: a prioridade é a escola, a prioridade são eles. A PwC não era para a vida toda. **Roberto | QXT**

ESCOLHAS

No caso da Jéssica, a escolha da faculdade foi por conta da área em que ela trabalhava: precisava ser ciências contábeis ou administração. Foi tudo direcionado. Quando a gente nasce em berço de ouro, tem mais possibilidade de escolher a profissão que vai seguir. Quando não nasce, essa escolha se dá pela oportunidade que aparece. Comigo foi assim. Eu virei secretária por acaso e sou secretária por um ótimo acaso. Gosto muito do que faço, mas se tivesse entrado na PwC com 18 anos de idade, talvez minha história profissional tivesse sido outra. O meu leque de opções teria sido maior e poderia ter seguido outra profissão, pois a PwC é uma empresa que investe no jovem e incentiva o desenvolvimento profissional. **Roselene | PwC**

ARTISTA

Então eu comecei a fazer intervenções pela cidade. O *Coração denunciador* passou a ser minha marca pela cidade. Depois comecei a fazer camiseta, comecei a ser conhecido, as pessoas começaram a perguntar: "quem é esse cara?" Eu me desvinculei do rap e parti para as artes visuais. Comecei a me dedicar mais ao grafite, à pintura em tela, à colagem. O grafite foi assimilado pelo sistema, começou a fazer sucesso nas galerias, começou a ser visto como arte. Eu tinha um trabalho reconhecido na rua. Então as pessoas me convidavam para decorar uma balada, e vi que ali tinha um meio de sobrevivência. **Bruno | Jovem participante**

OPORTUNIDADE

Acho que todo jovem que tem a oportunidade de entrar na PwC como primeiro emprego tem a vida marcada por essa experiência. Por causa das condições: não é qualquer empresa que paga o salário que ela paga, não é um salário baixo, os benefícios são muito bons, plano de saúde, vale-refeição. E pelo porte da empresa, por ser uma grande empresa. Se a pessoa entra em uma firma, está garantida por ao menos certo tempo. É algo que marca. **Erivan | Familiares**

EXPERIÊNCIA

A experiência na PwC é válida sim. É uma experiência de vida. Se o jovem quiser ir para o mundo do trabalho, desfrutar da empresa, de tudo que ela pode oferecer, ainda mais válido. Para mim foi muito válido. Edgard Allan Poe mudou minha vida. A PwC mudou minha vida. Me ensinou o que eu não quero fazer, me ensinou a trabalhar. Eu sonho várias vezes que voltei para a PwC. É uma situação em que fico constrangido, é como se eu tivesse fracassado na caminhada e precisado voltar. É algo que me atormenta, está no meu subconsciente, voltar para esse mundo do trabalho. Pretendo não voltar, não é isso que desejo para mim. **Bruno | Jovem participante**

"Sou Andréa, tenho 21 anos. Após o término do meu tempo de experiência, fui efetivada na PwC. Aqui desenvolvi muitas habilidades desconhecidas por mim e amadureci muito como pessoa. Hoje estou no sexto semestre do curso de administração. Sou eternamente grata ao Projeto Quixote por ter acreditado em mim e no meu potencial."

"Meu nome é Jeff William, trabalho na PwC há um ano e nove meses. Acredito que a parceria entre o Projeto Quixote e a PwC forma muito mais do que simples profissionais; ela constrói profissionais qualificados e cidadãos responsáveis. Estou muito feliz com a oportunidade que me foi dada e sempre busco agregar valores profissionais e pessoais à minha vida."

"Sou Bruno Pastore – hoje arte-educador e grafiteiro. Antes tive um ano de experiência na PwC, fui efetivado e trabalhei por mais dois anos. Lá conheci um novo mundo e desenvolvi meu conhecimento. Percebi qual era o rumo que realmente queria tomar em minha vida. Saí da vida dos escritórios para viver a arte."

"Sou Ilzenir, tenho 18 anos e trabalho na PwC há nove meses. Após minha passagem pelo programa de Educação para o Trabalho do Projeto Quixote, percebi que muitas coisas mudaram. Passei a ver as oportunidades que a vida me apresenta. Tenho planos de cursar uma faculdade para que, com determinação e muito otimismo, eu possa ampliar meus conhecimentos e conquistar meu espaço."

"Sou a Daniela, tenho 22 anos e trabalho na PwC há quase cinco. Por meio do Programa Educação para o Trabalho do Projeto Quixote e, em parceria com a PwC, conquistei o meu primeiro emprego. Aproveito todas as oportunidades e ensinamentos que são oferecidos. Minha vida mudou para melhor. Hoje faço faculdade de administração de empresas e estou lutando para conquistar meu espaço no mercado de trabalho."

"Eu me chamo Clemerson Barros, tenho 17 anos e atualmente trabalho na PwC pelo Projeto Quixote e o Programa Educação para o Trabalho. Por meio desses programas, tive a oportunidade de expandir meus conhecimentos com relação à prática de negócios e conhecer pessoas muito boas, que tiveram uma importância enorme em meu desenvolvimento pessoal e profissional. Além disso, o projeto me auxiliou na escolha da minha carreira profissional."

"Meu nome é Willian, tenho 17 anos e trabalho na PwC por meio do Projeto Quixote. Depois que entrei no mundo do trabalho, minha vida mudou completamente. No começo foi um pouco difícil encarar a rotina do dia a dia, mas o tempo foi passando e aos poucos fui me acostumando. O Projeto Quixote oferece um excelente aprendizado de vida, ele nos ensina a nunca desistir dos nossos sonhos, pois algum dia, mesmo que este dia demore a chegar, eles podem se tornar realidade."

"Eu sou a Fernanda, tenho 18 anos e trabalho na PwC há nove meses. Ainda sou aprendiz do Projeto Quixote. Por meio do QXT, pude entrar na PwC, iniciar minha carreira profissional e também pude compreender melhor o mundo corporativo. Tive experiências únicas, aprendi coisas fascinantes e sairei enriquecida de conhecimento e em busca de novas oportunidades, visando sempre a um maior crescimento em minha jornada profissional."

"Para os jovens, a parceria entre QXT e PwC é uma ótima oportunidade de iniciar suas atividades no universo corporativo. Eles aprendem a se comunicar, a conviver em grupo, a compartilhar ideias, a absorver conhecimentos e a agregar valores. Sinto-me muito satisfeita por colaborar com esse projeto que beneficia tantos jovens. Obtemos como recompensa a experiência trocada com eles e a satisfação pessoal." | **Agnes Genaro | PwC**

"Existe um ditado de que santo de casa não faz milagre. Então a gente fala, mostra, tenta orientar, mas a juventude de hoje tem o ponto de vista de que somos ultrapassados, somos velhos. E acaba não dando importância para o que falamos. Em um projeto como o QXT as pessoas têm o mesmo ponto de vista que temos. Então, eles escutam em casa e escutam no projeto e também tem exemplo no lugar onde estão trabalhando. No caso do Franklin, ele fala bastante no supervisor dele, é um exemplo, entrou com 16 anos e está até hoje na PwC. Eles passaram a ouvir da boca de outras pessoas o que ouviram da nossa. Outro ponto importante é que sempre há a preocupação por parte de quem tem filho jovem com o primeiro emprego. É difícil. E o QXT já encaminhou tudo. É sempre bom você ter uma família e todos trabalharem porque ajuda bastante."
Erivan Silva Gomes | Familiar

"Para nós da PwC é muito gratificante acompanhar o crescimento pessoal desses garotos do projeto Escritório Escola. Temos a certeza de que, após essa experiência, eles estarão mais preparados para encarar os obstáculos que porventura venham a surgir nas suas vidas." | **Roseli Mattos | PwC**

"O Projeto Quixote beneficia os jovens participantes do seu Programa de Educação para o Trabalho por meio da parceria com a PwC e com outras empresas. A firma oferece a esses jovens a oportunidade de aprender uma profissão, recebendo todo o apoio dos departamentos em que atuam e, até mesmo, a posterior efetivação como funcionários. Além disso, a PwC oferece cursos profissionalizantes, como o curso de auxiliar de departamento pessoal, e outros cursos que completam a formação desses jovens."

Adauri Pedreca | PwC

O que você FARIA p/ mudar o mundo"?
Mudaria
geração
MUDAMUNDO
POR UM FUTURO IDEAL

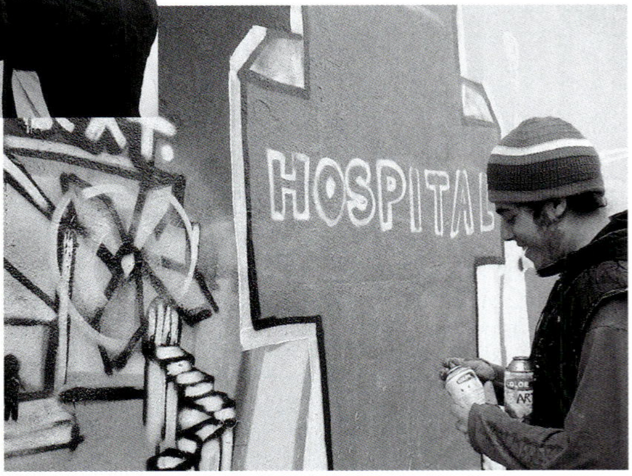
HOSPITAL

CLT

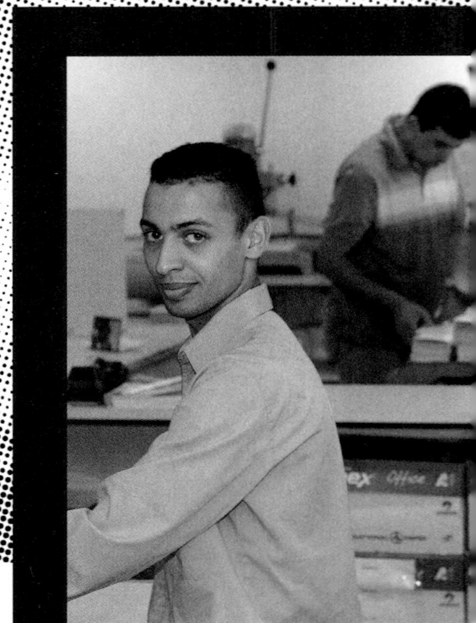

CERTIFICADO

ALIFORNIA

Sobre a PwC

As firmas do network PwC assessoram empresas e indivíduos a criar o valor que eles buscam. Somos um network de firmas que atuam em 157 países com 184 mil profissionais que se dedicam a prestar serviços de alta qualidade em auditoria, consultoria tributária, societária e de negócios.

Queremos utilizar nossos conhecimentos, serviços e relacionamentos para apoiar a criação de um sólido ambiente de negócios e fortalecer as comunidades em que atuamos. Queremos também inspirar nossos profissionais a contribuir para resolver os desafios que a sociedade enfrenta. Inauguramos a área de Responsabilidade Corporativa no Brasil em 2000 para dar às nossas ações sociais mais estrutura e direcionamento estratégico. Concentradas inicialmente em São Paulo, essas iniciativas foram expandidas em 2005 para outros escritórios do país. Durante esse período, envolvemos milhares de profissionais em projetos de cunho social ou voltados para o meio ambiente.

Saiba mais sobre nossos serviços e ações de Responsabilidade Corporativa acessando: www.pwc.com.br.

Sobre o Projeto Quixote

O Projeto Quixote é uma OSCIP, sem fins lucrativos, que atua desde 1996 na missão de transformar a história de crianças, jovens e famílias em complexas situações de risco pelo atendimento clínico, pedagógico e social integrado, gerando e disseminando conhecimento.

Para enfrentar todos os dragões dessa empreitada, o Projeto Quixote apostou na arte, na educação e na saúde como formas de aproximação e vinculação com os jovens. Buscamos construir alternativas eficientes para os desafios cotidianos de suas vidas, como a violência, o abandono, a falta de referências e o abuso de drogas, por meio de oficinas artísticas e estratégias clínicas e sociais, nas quais criatividade, afeto e expressão caminham sempre juntos.

O Projeto Quixote atua nas áreas de inclusão social, educação e saúde, valendo-se das seguintes atividades:

- **Atendimento:** com estratégias lúdicas, são construídos vínculos afetivos que possibilitam o surgimento espontâneo de demandas que são respondidas pela equipe multidisciplinar. Através dos programas clínico, pedagógico, de atenção à família, de educação para o trabalho e de refugiados urbanos, acolhemos crianças, jovens e seus familiares.
- **Formação e pesquisa:** buscamos estudar a prática para produzir conhecimentos e subsidiar políticas públicas voltadas a crianças, jovens e famílias em situação de risco. Por meio de cursos, supervisões, consultorias e publicações para técnicos e educadores sociais de todo o Brasil, buscamos trocar e multiplicar os aprendizados.

Por meio de programas específicos, oferecemos ações diferenciadas para os diversos públicos e necessidades.

Programa pedagógico:
- Oficinas pedagógicas, artísticas e lúdicas, como artes plásticas, grafite, *break*, reciclagem, dança, teatro, expressão corporal, esportes, informática, artesanato, bordado, cidadania, sexualidade, comunicação, vídeo/fotografia/áudio (Usina de Imagem).
- Acompanhamento escolar.

Programa clínico:
- Atendimento em psicologia, psiquiatria, pediatria, psicopedagogia e serviço social; referência em abuso de drogas, saúde mental, violência e abuso sexual.

Programa de Educação para o Trabalho:
- Quixote Jovem – formação em competências básicas para o mundo do trabalho, através de oficinas de cidadania, comunicação, projetos e informática.
- Agência Quixote Spray Arte – formação e geração de renda pelo grafite.
- Inserção no mercado de trabalho – formação, inserção e acompanhamento de jovens em empresas, como a PricewaterhouseCoopers.

Programa Atenção à Família:
- Atendimento psicossocial e geração de renda para familiares dos atendidos, através da produção e venda de produtos artesanais.

Programa Refugiados Urbanos (situação de rua):
- Moinho da Luz: abordagem de crianças e jovens da região da cracolândia em São Paulo (há uma casa base para atendimento na rua Mauá).
- Retorno às suas comunidades de origem.

Em 18 anos de atividades, o Projeto Quixote já atendeu cerca de sete mil crianças, jovens e mães. Por ano, são atendidas em média 2400 pessoas, sendo 400 crianças de rua, e realizados 27 mil atendimentos. Aproximadamente quatro mil educadores e técnicos passaram pelas ações da área de formação e pesquisa.

Como reconhecimento por suas ações, o Projeto Quixote já recebeu diversos prêmios, como:

Prêmio Economia Criativa, do Ministério da Cultura, com a Agência Quixote Spray Arte, em 2012; Prêmio Itaú de Excelência Social, em 2008 e 2011; finalista no Dubai International Award for Best Practices to Improve the Living Environment e participante da Mostra de Tecnologias Sustentáveis do Instituto Ethos, com o projeto Escritório Escola, em parceria com a PwC, em 2010; Prêmio "Best in Class" do Recognition Award (PwC) e Marketing Best Social, em 2009; Prêmio Top Social ADVB 2007, com o Projeto de Educação para o Trabalho "Redesenhando o Futuro", em parceria com a Petrobras; semifinalista do Prêmio Itaú – Unicef, em 2007, e finalista, em 2001; finalista do Prêmio Trip Transformadores, em 2007, na categoria Teto; finalista do Prêmio Empreendedor Social 2006, da *Folha de S. Paulo,* em parceria com a Fundação Schwab; Selo Organização Parceira do Centro de Voluntariado de São Paulo 2005; Projeto de Educação para o Trabalho, finalista na categoria "Apoio à Criança e ao Adolescente" do Guia de Boa Cidadania Corporativa da Revista *Exame,* em 2003; primeiro colocado no Concurso Nacional de Jingle – Senad (Secretaria Nacional Antidrogas), em 2003; Diploma de Mérito pela Valorização da Vida, conferido pela Senad em 2002; Prêmio Epreendedor Social 2000 pelo plano de negócios da Agência Quixote Spray Arte, premiada também como ideia inovadora pela Ashoka Empreendedores Sociais e pela Mckinsey & Company; Prêmio Ação Criança 1999, da Fundação Abrinq.

Entre nossos principais parceiros estão a Unifesp, Ashoka, as Secretarias de Assistência e Desenvolvimento Social (SMADS), Secretaria da Saúde e a Secretaria de Participação e Parceria (Fumcad) do Município de São Paulo, a PwC, Porto Seguro, Mattel Children's Foundation, Instituto HSBC, Instituto Societé Generale, Brazil Foundation, entre outros.

"Às vezes, uma nova história só depende de uma boa oportunidade."

Agradecemos a todas as chefias envolvidas no processo, aos jovens participantes, à liderança e equipe de Responsabilidade Corporativa da PwC e à equipe do Projeto Quixote.

www.projetoquixote.org.br